Diogenes Taschenbuch 22496

de
te
be

Richter Di

Janwillem van de Wetering

Robert van Gulik

Ein Leben mit Richter Di

Mit Bildern, Bibliographie und Lebensdaten

Aus dem Amerikanischen von Klaus Schomburg

Diogenes

Titel der Originalausgabe:
»Robert van Gulik. His Life. His Work.«
Dennis McMillan Publications, Miami Beach, Florida

Die Zeichnung auf Seite 85 stammt von Joe Servello,
alle anderen sind den bei Diogenes erschienenen
Richter-Di-Romanen entnommen und wurden von
Robert van Gulik angefertigt.
Bildnachweis am Schluß des Bandes
Die deutsche Erstausgabe
erschien 1990 im Diogenes Verlag
Umschlagfoto: Robert van Gulik

Veröffentlicht als Diogenes Taschenbuch, 1992

80/92/24/1
ISBN 3 257 22496 6

I

Omoidasu to wa
Erinnern

Erinnern
Heißt wieder vergessen
Erinnere dich nicht
Dann brauchst du nicht zu vergessen

Ein japanisches Gedicht, ins Englische übertragen von Dr. R. H. van Gulik (1910–1967), der vor allem als Autor von siebzehn chinesischen Kriminalromanen mit dem legendären Richter Di bekannt geworden ist.

Ein außergewöhnlicher Mann, dieser Robert van Gulik, und ich erinnere mich nicht an ihn, denn wir sind uns nie begegnet. Trotzdem kenne ich ihn gut.

Es ist meine eigene Schuld, daß ich ihm nie begegnet bin, denn zu manchen Zeiten hielten wir uns in denselben Ländern auf. Aber ich vermied eine persönliche Konfrontation mit einem geschätzten Autor. Ein Leser erschafft sich in seiner Vorstellung leicht einen schreibenden Gott und hebt einen Sterblichen auf ein hohes Podest. Eine leibhaftige Begegnung könnte ihn herabstürzen lassen und so eine schmerzhafte Enttäuschung verursachen. Der Schleier der Phantasie zerreißt, und die unerbittliche Realität starrt einen an. Doch wer möchte behaupten, daß die Phantasie keine Realität besitzt?

Von seinem gerahmten Porträt auf meinem Altar sieht mich der gute Dr. van Gulik durch kleine runde Gläser an. Er macht ein ziemlich strenges Gesicht. Seine Krawatte und sein Hemd wölben sich beunruhigend nach vorn – die Linien, die Kinn und Mund verbinden, wirken angespannt. Er war nicht glücklich, und die Leute, die ihn zu jener Zeit kannten, wußten warum. Zu viele Amtspflichten, rote Bänder, die feierlich durchgeschnitten werden mußten, zuviel Verschwendung seiner privaten Zeit. Er war niederländischer Botschafter in Japan, und obgleich diese Ernennung eine Krönung seiner Laufbahn darstellte, fiel es ihm schwer, Gleichmut zu bewahren, wo jeder Tag seinen Sekretär und der Sekretär eine Liste brachte.

»Sir.«

»Ja.«

»Euer Exzellenz.«

»Ja, ja.«

»Heute nachmittag, Euer Exzellenz, gibt es einen Empfang.«

»Aha.«

»Und davor ein offizielles Mittagessen.«

»Aha, ja.«

»Und für heute abend ist ein offizielles Diner vorgesehen.«

»Ja.«

»Und in ungefähr einer Stunde findet eine Besichtigung von niederländischem Exportkäse auf einem Schiff statt, Ihre Limousine wartet.«

»Jaja*JA*.«

Auch hier wieder die Unvereinbarkeit von Realität und Phantasie.

Van Gulik hatte andere Pläne für den Tag. Er wollte lieber durch Tokios Straßen und Gassen wandern, um preiswerte Antiquitäten aufzustöbern, um die *couleur locale* einer der exotischsten und übervölkertsten Hauptstädte dieses Planeten in sich aufzunehmen. Hatte er den Pferdekult in Tibet studiert, um sich *Käse* anzusehen?

Er wollte die grazilen Geishas auf ihren hohen Holzsandalen umhertrippeln sehen.

Der Sekretär wußte, wie sehr van Gulik die tägliche Zerstörung dieser Träume haßte, und doch mußte er in das Arbeitszimmer gehen und seinen Vorgesetzten an seine Pflichten erinnern.

In jener Zeit wurden die Richter-Di-Romane weltberühmt, und Fans versuchten, van Gulik ausfindig zu machen, um ihm ihre Bewunderung auszudrücken und hundert Fragen zu stellen. Einer meiner Freunde schaffte es, sämtliche Barrieren zu überwinden und in die Botschaft zu gelangen, und van Gulik führte ihn durch alle Höfe und Gärten, die zu dem luxuriösen Amtssitz der niederländischen Spitzendiplomaten in Japan gehörten. Gemeinsam erfreuten sie sich am Abendlied der Gibbons, die van Gulik hielt; flinke und artige Primaten chinesischer Herkunft. Van Gulik sang in einem kräftigen Bariton mit seinen Affen. Er spielte auch die siebensaitige chinesische Laute und zeigte meinem Freund seine Kunstsammlung. Seine hundert Fragen beantwortete er nicht.

Ich lernte einen Mann kennen, der in weniger beschäftigten Zeiten unter van Gulik gearbeitet hatte, als dieser vorübergehend wieder zu Hause in Den Haag stationiert war. Van Gulik war als Direktor im Außenministerium für die niederländischen Angelegenheiten im Mittleren Osten und in verschiedenen afrikanischen Staaten zuständig, und vielleicht gab es nicht allzuviel zu tun. Sein Tagesablauf sah folgendermaßen aus: Jeden Tag pünktlich um neun Uhr erschien er im Büro, sah rasch die Post durch und diktierte einige Antworten. Dann schlenderte er, ohne Kaffee getrunken zu haben, zum Bahnhof, stieg in einen Zug und las zwanzig Minuten lang eine chinesische Abhandlung über irgendein ›unbedeutenderes Thema‹. (Er spezialisierte sich auf die trivialen Dinge, die Kleinigkeiten; von der ›Haupttradition‹, den großen Problemen der chinesischen Geschichte und Gesellschaft hielt er sich fern; die Philosophie mied er.) In Leiden verließ er den Zug und spazierte zur Universität. Dort endlich trank er seinen Morgenkaffee, um sich mit frischer Energie in Bücher zu vertiefen, Bibliotheken zu durchforschen, Kunstsammlungen zu studieren. Seine handschriftlichen Aufzeichnungen waren untadelig. Um Punkt vier Uhr nachmittags saß er wieder an seinem Beamtenschreibtisch, um die Briefe zu unterzeichnen, die er früher diktiert hatte. Er hörte sich *kurze* (je kürzer desto besser; er pflegte seinen Mitarbeitern zu sagen, daß ein chinesisches Gedicht keine Worte verschwende) Berichte über die internationale Situation an, die, wie Tom Robbins heutzutage betont, gleichbleibend hoffnungslos ist, und ging dann nach Hause. Dort warteten weitere Studien auf ihn: an seinem Schreibtisch, in seiner Bibliothek, zwischen seinen Kunstschätzen. Er schrieb seine wissenschaftlichen Abhandlungen und seine (nur zum Teil) fiktionalen Romane und versah sie mit eigenen Illustrationen. In den Pausen erledigte er diverse Arbeiten.

Die Amtswohnung, die ihm von der niederländischen Regierung zur Verfügung gestellt worden war, hatte ein Heizproblem. Mehrere altmodische Öfen im Keller waren ein wenig launisch. Van Gulik analysierte ihre Empfindsamkeiten und ging liebevoll auf sie ein, indem er, eigenhändig schaufelnd, jeden Ofen mit seinem bevorzugten Kohlegemisch fütterte. Harte Arbeit, sagte er zu seiner Familie, entspanne seinen Geist. Da er nicht viel Schlaf benötigte, verbrachte er den größten Teil der Nacht in seinem Arbeitszimmer, schrieb eine Abhandlung über ein chinesisches Thema in Chinesisch, übte arabische Schriftzeichen und Sanskrit, skizzierte den Entwurf eines weiteren Richter-Di-Romans, zeichnete eine nackte Dame im Stil der Ming-Dynastie. Er legte sich für ein paar Stunden hin, genoß die morgendliche Dusche und die Rasur, machte sich selbst sein Frühstück und ging wieder ins Büro.

Er war jedoch kein Eremit. Eine Frau, drei Söhne und eine Tochter beanspruchten einen Teil seiner Zeit. Außerdem unterhielt er sich mit seinen Affen, die Besucher durch ihr plötzliches Auftauchen erschreckten. Er war sogar gesellig. Es gab vornehme Abendgesellschaften mit chinesischen Delikatessen. Frau van Gulik ist Chinesin. Sie lernten sich während des Zweiten Weltkriegs kennen, natürlich an der Universität, wo seine zukünftige Frau soeben ihren Magister in Soziologie gemacht hatte.

Nach dem Abendessen führte Dr. van Gulik die männlichen Gäste in sein Arbeitszimmer, wo er Cognac in Kristallschwenkern servierte, erstklassige Zigarren verteilte und ein paar Witze zum besten gab, bevor er mit dem *pièce de résistance* der abendlichen Unterhaltung begann: einer ausgiebigen Vorführung seiner erotischen Kunstsammlung. Es gab Drucke und Zeichnungen, gewagte Poesie zum Rezitieren und Elfenbeineier, die man aufschrauben konnte und die wunderbar fein gearbeitete kopulierende Miniaturen enthielten. Van Gulik war auch ein Kinoliebhaber. Kinder gehen gern ins Kino, und die van-Gulik-Kinder hatten in dieser Beziehung einen idealen Vater. Er ging überall hin, um einen guten Film zu sehen oder auch einen schlechten, denn ›das Schlechte ist bloß das umgekehrte Gute‹. Es machte ihm manchmal Spaß, gezeigt zu bekommen, wie man Dinge nicht zeigen sollte.

Und er liebte Reisen – nicht nur die großen, wenn er zum Beispiel von einem Land ins andere geschickt wurde, sondern auch die kurzen, die kleinen Ausflüge in einem insgesamt bekannten Raum. Ein Konsulatsangestellter, der einst unter van Gulik diente, erzählte mir vom Ruf seines Chefs in Malaysia. Er war einfach nie an seinem Schreibtisch, was den Botschafter ärgerte. »Wo?« pflegte dieser grimmig zu fragen, aber nie wußte es jemand. »Habe mein Wissen vergrößert, Sir«, murmelte van Gulik, wenn er bei der Rückkehr nach seinem Verbleib gefragt wurde. Dann dozierte er über die Nutzlosigkeit von Beamten des Auswärtigen Dienstes, die keine Ahnung von dem Land haben, in dem sie stationiert sind. Die nicht einmal die Sprache beherrschen. Die nichts von seiner

Kultur verstehen. »Wie«, wollte van Gulik wissen, und unterstrich dies, indem er mit der Faust auf den Schreibtisch seines Vorgesetzten hieb, »sollen Männer wie Sie und ich den Interessen unseres Landes dienen, wenn wir hier nur herumsitzen und Telefonanrufe beantworten?«

»Aber was tat er?« fragte ich meinen Informanten.

Er wußte es nicht. »Vielleicht Sex«, meinte er. »Van Gulik interessierte sich nämlich für Sex. Er schrieb wissenschaftliche Bücher über das Thema.«

Ich wollte Einzelheiten wissen. Es gab keine. Der Doktor reiste allein; er übernachtete in einheimischen Gasthäusern, aß die lokalen Gerichte, lauschte Geschichtenerzählern, prüfte die in kleinen Läden und an Marktständen angebotenen Waren.

»Die Kollegen runzelten die Stirn über derartige Aktivitäten, konnten ihn jedoch nicht daran hindern. Er war eine angesehene Persönlichkeit, lange bevor er an die Spitze gelangte. Niemand mischte sich ein.«

Aber van Gulik war eben auch ein richtiger Gelehrter, der sich intensiv mit jedem Land beschäftigte, in dem er sich gerade befand. Mit seinem phänomenalen Talent für Sprachanalyse und Aussprache (obwohl immer sein holländischer Akzent mitklang), gelang es ihm, den neuen Code zu knacken und Zugang sowohl zur vergangenen als auch zur gegenwärtigen Kultur zu finden. Mit einer Neugier ausgestattet, die gleichzeitig in viele Richtungen ging, studierte er das lokale Recht (Kolonialrecht war Bestandteil seiner Studien in Leiden gewesen). Daneben sammelte er die Musikinstrumente des jeweiligen Landes, und in China begann er, die siebensaitige Laute zu spielen. Er beschäftigte sich mit allen möglichen Tierarten, und wenn es Affen in der Nähe gab, ging er ganz bestimmt hin, um sie sich anzusehen. Seine letzte wissenschaftliche Arbeit, *The Gibbon in China*, ist aus mehreren Gründen eine faszinierende Studie. Von ihr wird später noch ausführlicher die Rede sein.

Seine charismatische Persönlichkeit und seine imposante Gestalt sowie seine erstaunliche Gabe, Sprachen und Wissen aufzunehmen, machten van Gulik berühmt, wohin er auch ging, aber weltweiten Ruhm erlangte er erst durch seine Richter-Di-Erzählungen. Als Autor dieser ungeheuer beliebten Serie klassischer chinesischer Kriminalromane erreichte er Millionen von Lesern in mehr als zehn Ländern, einschließlich meiner selbst, der ich zu dieser Zeit (1958) im staubigen Hinterzimmer eines japanischen Zen-Klosters verzweifelte. Es scheint ein Bestandteil der Zen-Schulung zu sein, die Teilnehmer vom Lesen abzuhalten, und selbst einfache Alltagsfragen werden von den Lehrern nicht beantwortet. Das stundenlange tägliche Stillsitzen begann mich zu langweilen, und ich mochte die Schläge nicht, die meinem trägen Geist auf die Sprünge helfen sollten. Und das Essen war auch nicht so toll. Ich war in eine Bibliothek (für fortgeschrittene Zen-Schüler, wie ich später herausfand) geflohen und stieß auf van Guliks englische Übersetzung eines authentischen chinesischen Kriminalromans, das *Dee Goong An* (dt.: *Merkwürdige Kriminalfälle des Richters Di*), das mehrere von Richter Di, einem berühmten Bezirksrichter der Tang-Dynastie, gelöste Fälle enthielt.

Van Guliks subtile Art der Belehrung war sehr hilfreich

für mich – man erfährt wirklich eine Menge bei ihm: daß es den Zen-Buddhismus, so wie er im heutigen Japan existiert, schon im alten China gab; daß Di kein Buddhist, sondern ein aufgeschlossener Konfuzianer war; daß sich Konfuzianismus und Buddhismus nicht so konträr gegenüberstanden, wie ich dachte, und daß der Taoismus die beiden innerhalb der fernöstlichen Geisteswelt miteinander verbindet. All das erfuhr ich aus van Guliks Werk, und sein forschendes Eindringen half mir verstehen, wohin meine eigenen Abenteuer mich führten.

Wie reagierte der gelehrte Sinologe auf seine neue Rolle als populärer Krimiautor?

Sie gefiel ihm; er verstand sich als praktizierender Künstler. Er wollte von seinen Kollegen akzeptiert werden. Ab Visser, ein unübersetzter niederländischer Schriftsteller jener Zeit, erzählte mir später, daß van Gulik ihn einschüchterte und irritierte. Ob van Gulik sich auf Heimaturlaub in den Niederlanden befand oder vorübergehend in sein eigenes Land versetzt worden war, immer suchte er Ab Visser auf und bestand auf einer ungezwungenen Freundschaft. »Ein *Botschafter*«, sagte Visser zu mir. »Kannst du dir das vorstellen? Ein Bursche in einer *Limousine* mit einem uniformierten Fahrer vorn. Der Mann sprach *Chinesisch*. Ein verrückter Kerl. Er nahm mich in diese Restaurants mit.« Die meisten Holländer gehen Chinesisch essen, aber van Gulik nahm seinen Schriftstellerfreund in die besten Etablissements mit, wo er den Inhaber an den Tisch kommen ließ, um auf Mandarin das Menü mit ihm zu erörtern. Visser wußte über gebratenen Reis und gebratene Nudeln Bescheid, vielleicht mit ein bißchen Gemüse obendrauf, doch es gab auch glasierte und gebackene Ente, die in Form eines dreidimensionalen Puzzles serviert wurde, Krabbenbeine, die aus irgendeinem obskuren Fluß stammten, und achtzigprozentige chinesische ›Weine‹, die einem die Haut vom Gaumen rissen. »Und teuer«, sagte Visser. »Wir aßen meine Tantiemen von einem ganzen Jahr auf, denn ich ließ ihn natürlich nicht bezahlen, nur um es ihm zu zeigen.«

Ein anderer holländischer Krimiautor, Pim Hofdorp, zuckte nur die Achsel, als ich ihn nach seinem Freund van Gulik fragte. Er zeigte mir eine seltene Erstausgabe des *Dee Goong An*, jene englische Übersetzung van Guliks, die dieser nach dem Krieg privat in Japan hatte drucken lassen. Als ich »Ah« und »Oh« machte – denn ich hatte das Buch seit meiner heimlichen Lektüre im heiligen Raum des Daitoku-ji, des Zen-Tempels in Kioto, nicht mehr gesehen –, gab Pim es mir und wünschte mir Glück. »Hast du es gelesen?« fragte ich. Er nickte. »Klar. Chinesisches Zeug. Ein bißchen ausgefallen.« Er hatte es vor langer Zeit geschenkt bekommen. Van Gulik war inzwischen tot, und auch Pim sollte bald sterben. Er dachte, daß das Buch in meinem Regal gut aufgehoben wäre, und da steht es bis heute.

Stolz ist ein sonderbares Laster, es hat uns alle in seiner Gewalt. Van Gulik wollte ein anerkannter Romanautor sein. Er hatte nur wenige Literaturfreunde, sein holländischer Verleger, Van Hoeve, beantwortete kaum jemals einen Brief und hielt nichts vom Loben, und die holländischen Kritiker waren überwiegend engstirnig und unfreundlich. Das Publikum jedoch schätzte ihn, und er bekam Post von begeisterten Lesern, meistens Frauen, wie er einmal einem Reporter erzählte. Die Damen hatten eine Schwäche für Richter Di und wollten ihn gern in kleine Techtelmechtel verstrickt sehen. Wenn van Gulik auch erpicht darauf war zu gefallen, mochte er den vornehmen Richter doch nicht auf ein solch niedriges Niveau bringen, aber in spätere Bücher baute er erotische Szenen ein, deren männliche Parts er den Assistenten Dis vorbehielt. Ich fragte Leute, die van Gulik gekannt hatten, wie er gewesen sei. Das Ergebnis war mager und ließ Gegensätze erkennen, die schwer in Einklang zu bringen waren. Freundlich und reserviert. Ruhig, manchmal reizbar. Ausgeglichen und von unerschöpflichen Kräften getrieben. Distanziert und traurig über die menschliche Unwissenheit.

Ein Konsul im Ruhestand erzählte mir, daß er sich in Japan gut amüsierte, als die Zentrale in Den Haag ihn plötzlich nach Südkorea versetzte. Er mochte Korea nicht. Er mochte es so wenig, daß er krank zu werden begann. Er schrieb an seinen früheren Chef, Botschafter van Gulik, und bat inständig, nach Japan zurückkehren zu dürfen. Der Brief wurde von Tokio nach Den Haag weitergeleitet, wo van Gulik inzwischen im Hospital lag, weil er unheilbar an Lungenkrebs erkrankt war. Van Gulik, erst 57, rauchte immer – Zigarren, Zigaretten, Pfeifen, alles was er kriegen konnte. Er war oft gewarnt worden, denn seinen heftigen chronischen Husten hatte man sehr richtig als Krebssymptom diagnostiziert. Jetzt, wo es zu spät war, sein Verhalten zu ändern, rauchte er Zigarren im Privatzimmer des Krankenhauses, während sich sein Zustand rasch verschlechterte. Der Konsul aus Korea, auf Heimaturlaub in Den Haag, besuchte ihn, ohne seine ersehnte Versetzung zu erwähnen. »Richtig«, sagte van Gulik, der sich an den Brief erinnerte. »Geben Sie mir das Telefon.« Es war der letzte Anruf des Botschafters, aber der Konsul konnte in sein geliebtes Japan zurückkehren. »Macht es Ihnen nichts aus zu sterben, Sir?« fragte der Konsul. »Verzeihen Sie mir eine etwas hochtrabende Bemerkung«, sagte van Gulik, »aber alle Bewegung ist illusionär. Von Seoul nach Kobe. Vom Leben zum Tod.«

John Blofeld, ein britischer Sinologe und Buddhist, der viele Jahre in China verbrachte und jetzt in Bangkok lebt, kannte van Gulik aus der Zeit ihrer gemeinsamen Diplomatentätigkeit in Tschungking während des Zweiten Weltkriegs. Ich bat ihn, mir einige seiner persönlichen Eindrücke zu schildern. Blofeld beglückwünschte mich zu meiner Bewunderung für van Gulik, »weil sein Beispiel dazu beiträgt, den weniger Begabten und weniger Fortgeschrittenen den Weg zu ebnen«. Er beschrieb meinen Helden als einen großen, freundlichen Mann, der Italienisch ebenso wie Sanskrit immer mit seinem niederländischen Akzent sprach. Ich mußte Blofeld versprechen, die mit roter Tinte geschriebenen Teile seines Briefes nicht für mein Buch zu verwenden, was schade ist. Aus dem Rest werde ich später noch ein wenig zitieren.

Van Gulik liebte Cartoons, da auch sie zu den trivialen Ausdrucksformen gehörten, mit denen er sich gern beschäftigte. Hätte er länger gelebt, hätte er vielleicht Filmdrehbücher geschrieben, da es ihm Vergnügen bereitete, »sich eine Geschichte in Bildern vorzustellen«. Mehrere seiner Erzählungen dienten als Vorlagen für Cartoons, und er unterwies einen holländischen Zeichner, Frits Kroezeman, in der Kunst stilechter chinesischer Illustrationen. Die Comics füllten schließlich acht Bände, nachdem sie zuvor in mehreren holländischen Zeitungen in Fortsetzungen erschienen waren. Herr Kroezeman, der viele Stunden an van Guliks Krankenbett verbrachte, erzählte mir, daß »Robert nicht die geringste Angst vor dem Tod hatte. Er akzeptierte sein bevorstehendes Ende mit stoischer Gelassenheit. Wirklich ein mutiger Mann!«

Obwohl er nie an irgendwelchen Kämpfen beteiligt gewesen war, hatte van Gulik dem Tod viele Male ins Auge gesehen. Als der Zweite Weltkrieg ausbrach, befand er sich in Tokio, von wo er, als Diplomat, einige Monate nach Beginn der Feindseligkeiten nach China ausreisen durfte. Die vorläufige chinesische Hauptstadt war damals Tschungking und wurde täglich von heftigen japanischen Bombenangriffen heimgesucht. Van Gulik, der bei einem Feuer seine ganze Kleidung verloren hatte, lief unbekümmert in chinesischer Tracht herum, in der Hand eine Mappe mit Büchern, die er gerade las. Ein paar Wochen später, als alle Diplomaten den größten Teil ihrer Zeit in Luftschutzkellern verbrachten, beklagte er sich über den Staub, der ihn beim Kalligraphieren störte. Noch etwas später begann er mit der Arbeit an einer wissenschaftlichen Abhandlung über die verschiedenen chinesischen und japanischen Arten, Rollbilder aufzuziehen, und raste zwischen den Angriffen in die Künstlerläden der Stadt, um Papiermuster zu sammeln.

Jahre später, als er in Beirut stationiert war, brach eine Revolution aus, und van Gulik schickte seine Familie mit dem Schiff nach Den Haag zurück. Allein hinter Sandsäkken arbeitete er an einer seiner Richter-Di-Geschichten. »Es ist ein bißchen ungemütlich«, schrieb er einem Freund, »denn es fällt schwer, sich zu konzentrieren, wenn die Araber ständig Dynamitladungen in den Garten werfen. Bisher ist es mir jedoch immer gelungen, sie zurückzuwerfen.«

Die Mugar Memorial Library der Boston University besitzt fünf blaue Pappkartons mit Manuskripten und Aufzeichnungen, die van Gulik vor seinem Tod dorthin geschickt hat. Ich habe mich begierig in sie vertieft, um das Geheimnis seines emsigen Lebens und seines friedvollen Todes zu entdecken. Obgleich die Experten uns versichern, daß van Gulik die grundlegenden Disziplinen Religion und Philosophie unbeachtet ließ, vermute ich doch, daß er die mehr esoterischen taoistischen und buddhistischen Lehren praktizierte. Sowohl der Taoismus als auch Zen gehen von einem leeren Kern aus, der, wenn es dem Anhänger gelingt, zu ihm vorzudringen, die geheime Kunst des Nicht-tun, *wu-wei*, ermöglicht. Nicht ›nichts tun‹ in dem Sinne, daß man sich vor seinen Aufgaben drückt, wie C. G. Jung erklärt, sondern ›das ruhige Akzeptieren dessen, was uns geschieht, damit wir weiter geschehen können‹. Van Gulik selbst nannte diese Technik ›mit nichts beschäftigt sein‹. Tschuang-tse (365–290 v. Chr.) schrieb ein Gedicht über das Thema, und einer der Pappkartons der Mugar Memorial Library enthält van Guliks Übersetzung:

Man kann nicht sagen, daß das Tao existiert,
Man kann nicht sagen, daß das Tao nicht existiert,
Aber man kann es in der Stille finden,
Im *wu-wei.*

2

Robert Hans van Gulik starb 1967 in Den Haag; in einer anderen holländischen Stadt, dem provinziellen Zutphen, wurde er 1910 geboren.

1910 war ein ruhiges Jahr, vor den Kriegen, als Gott noch im Himmel regierte und unten auf der Erde alles gut war. Die niederländische Gesellschaft war eine Gesellschaft mit einer starren Hierarchie, und die van Guliks befanden sich ganz oben, denn Dr. van Gulik senior war ein hoher Sanitätsoffizier der holländischen Kolonialarmee in Niederländisch-Indien*. Die Kolonie war natürlich glücklich, von weißen Männern im Ausland regiert zu werden, und sah ihr Hauptziel darin, die erleuchteten Herrscher mit einer Fülle nützlicher Produkte zu versorgen. Vater van Gulik war in Holland stationiert, als Robert geboren wurde, und die Familie kehrte in den Fernen Osten zurück, als der Junge fünf Jahre alt war. Bis zu seinem zwölften Lebensjahr lebte er auf Java (zuerst in Surabaja, später in Batavia, dem heutigen Djakarta). In der Grundschule erhielt er nur niederländischen Unterricht, während die meisten Leute in seiner Umgebung Malaiisch, Javanisch oder Chinesisch sprachen. Mit seinem feinen Gehör schnappte er eine Reihe von Wörtern auf und lernte

* Das heutige Indonesien.

ihre Bedeutung, aber er wollte auch sprechen und schreiben können. Da ihn die chinesischen Schilder an den Ladenfronten faszinierten, ließ er sie sich von den Geschäftsinhabern erklären. Bald kritzelte er die komplizierten Schriftzeichen in den Sand ungepflasterter Straßen, und Passanten blieben stehen, um zu sehen, was der kleine Junge da machte. Chinesische Ladenbesitzer zeigten ihm, wie sich jedes Zeichen aus einer begrenzten Anzahl von Teilen zusammensetzt, so daß der eifrige Schüler rasch den gemeinsamen Ursprung scheinbar endloser Kombinationen erkannte. Im Vergleich zu Chinesisch waren Malaiisch und Javanisch verhältnismäßig leicht, und er erlernte die Sprachen auf seinen Streifzügen. Von Natur aus ein Sammler, notierte er Wörter in getrennten Übungsbüchern, deren Seiten er mit eigenen Illustrationen verzierte. Als die Familie 1922 nach Holland zurückkehrte, beherrschte Robert fließend vier Sprachen und war, im Alter von zwölf Jahren, bereit, die Oberschule zu besuchen. Oberschule bedeutete in seinem Fall natürlich Gymnasium, wo Griechisch und Latein unterrichtet wurden, zusammen mit Französisch, Deutsch und Englisch, dazu noch höhere Mathematik, Physik und Chemie. Nach Chinesisch empfand er keine dieser Sprachen in irgendeiner Weise als schwierig. Durch einen glücklichen Zufall begegnete der Junge Hollands berühmtestem Linguisten, C. C. Uhlenbeck, der van Guliks Begabung erkannte und ihn Russisch lehrte, und, als sein Aufnahmevermögen immer noch nicht erschöpft war, auch Sanskrit. Der Professor arbeitete an einem Wörterbuch für die Sprache der Schwarzfuß-Indianer, und van Gulik beteiligte sich daran, so daß das Werk wenige Jahre später erscheinen konnte. Van Guliks erste Liebe, Chinesisch, war nicht vergessen, doch nirgendwo in der Nähe von Nimwegen, der Stadt, in der die Familie damals lebte, wurde diese Sprache unterrichtet. Er inserierte daher in der Zeitung, worauf sich ein chinesischer Student der Landwirtschaft meldete. Der Lehrer wurde von van Guliks Taschengeld bezahlt, was bedeutete, daß Robert wenig Geld für Luxusartikel übrig hatte, an denen andere Jungen in seinem Alter Gefallen fanden.

Zu jener Zeit begann er Beiträge für die monatlich erscheinende Schulzeitschrift *Rostra* zu schreiben. Seine Gedichte waren bei den anderen Schülern beliebt, und ein Essay mit dem Titel *Van het schoone eiland* (Von der schönen Insel) machte einen tiefen Eindruck auf Schüler wie Lehrer. Van Gulik war damals erst achtzehn Jahre alt, doch er hatte einen gefälligen und klaren Stil. In dem Essay erinnert er sich an seine Besuche im Chinesenviertel von Batavia, als er noch ein Kind war:

Das kleine Zimmer, dessen Decke sich unter der Last vieler Stockwerke biegt, wird durch die Papierlaternen, die an dicken, rauchgeschwärzten Balken hängen, nur schwach erleuchtet. Das gedämpfte Licht verleiht dem Raum und den Möbeln ein malerisches Aussehen. In einer Ecke sehe ich mit chinesischen Büchern schwer beladene Regale; daneben an der Wand befindet sich der Hausaltar, eingerahmt von einem leuchtend roten Tuch, auf dem einige der wunderbar lakonischen Aussprüche des Konfuzius geschrieben stehen. Dann ist da noch ein niedriger

Tisch mit einer zierlichen Porzellanschale darauf. Ein kleiner Kohleofen glüht in der Mitte des Zimmers und wärmt den alten Wächter, der in seinem weißen Baumwollanzug mit weiten Ärmeln und Hosenbeinen bequem auf einem Bett ausgestreckt liegt. Tief zwischen Hunderten von Falten verborgen blinzeln seine Augen in dem freundlichen, runzligen Gesicht. Er grüßt mich vergnügt und sagt in den gerundeten Tönen des Kuangtung-Chinesisch, daß die Nudeln fertig sind. Aber ich steige lieber die gebrechlichen Stufen hinauf und erreiche den Turm, der eine herrliche Aussicht über die chinesische Stadt bietet ... ein Meer von Dächern, überall aufs Geratewohl verteilt, emporragend wie Wellen in einer wunderbar wilden See.

Er wünschte sich in das Land seiner glücklichen Jugendtage zurück und zitiert den Dichter Li T'ai-po (699 oder 701–762), der, unter ähnlichen Bedingungen, seufzt: »Ich senke meinen Kopf und denke an mein Land.« Er muß noch lange warten, aber zum Glück gibt es viel zu tun. Er wird an der berühmten Universität Leiden angenommen, wo er orientalische Sprachen studiert und, was für einen Studenten sehr ungewöhnlich ist, sogleich mit Veröffentlichungen beginnt. Seine gelehrten Artikel und klugen Aufsätze sowie die peinlich genauen Übersetzungen erregen Aufmerksamkeit. 1932, drei Jahre vor der Promotion, veröffentlicht er die niederländische Version eines von dem Inder *Kalidasa* in Sanskrit geschriebenen Stückes (4. Jhdt. n. Chr.). Mit vierundzwanzig macht er seinen Magister, und ein Jahr später wird er an der Universität Utrecht für die Dissertation *Hayagriva, the Mantrayanic*

Aspect of Horsecult in China and Japan, eine Arbeit über den Pferdekult, cum laude zum Doktor promoviert. Der Verlag Brill in Leiden, Herausgeber wissenschaftlicher Publikationen, ist erstaunt, als das Büchlein mehrere Auflagen erreicht. Erst fünfundzwanzig Jahre alt, präsentiert sich Robert van Gulik bereits als anerkannter Wissenschaftler.

Was nun? Arbeiten? Er hätte vielleicht bleiben und Vorlesungen halten können, aber weit hinter den engen Grenzen der Niederlande wartete der Orient. Traditionell waren die männlichen van Guliks Armeeangehörige (»Alle Erwachsenen um mich herum«, pflegte van Gulik zu sagen, »scheinen zur Spezies der ›Säbeltiger‹ zu gehören«). Ob sein Ruf als Linguist vielleicht das Auswärtige Amt beeindruckte? Er bewarb sich und wurde 1935 Sekretär an der Gesandtschaft in Tokio, wo nichts außer einem sehr langsamen beruflichen Aufstieg (und einer Menge freier Zeit) zu erwarten war. Van Gulik war hier am rechten Platz, denn er liebte es, ein ›Gentleman mit wissenschaftlichem Habitus‹ zu sein. Als Schuljunge hatte er zum Thema chinesischer Reformen geschrieben: *»Von einem praktischen Standpunkt aus gesehen, ist dies besser* (als das alte Schulsystem). *All diese Veränderungen liegen in der Natur der Entwicklung, und sie sind sehr gut. Aber unwillkürlich fragt man sich doch, ob unter all den modernen Leuten der vornehme altmodische Typ des* Literatus *weiterexistieren wird – von der Art des alten Staatsmannes und Schriftstellers Ku Hung-ming, dessen Tod wir kürzlich betrauern mußten und der sich nicht davor gefürchtet hatte, zu einer Zeit, als von allen Seiten alle möglichen neuen Ideen in China eindrangen, an der alten ›Religion* *des Gentleman‹ festzuhalten. Natürlich hat alles seine Vor- und Nachteile, und wir, die Zeitgenossen, können nicht beurteilen, ob diese als Verbesserungen zu betrachten sind oder nicht. Das ist eine Aufgabe für jene, die nach uns kommen.«*

Elsevier's Geillustreerd Maandschrift LXXVII

Die nächsten sieben Jahre boten ihm reichlich Gelegenheit, den ›westlichen Mandarin‹ zu spielen, der lernbegierige Aristokrat, der ernsthafte Gelehrte zu sein, der seine Aufmerksamkeit den Seitenpfaden widmet, den Randgebieten des Denkens und der Kunst, die der stürmische Geist der Zeit gewöhnlich vernachlässigt. Van Gulik studiert chinesisches und japanisches Strafrecht, die Kunst des Buchdrucks und des Aufziehens von Rollbildern, spielt die chinesische Laute und beschäftigt sich mit der für dieses Instrument komponierten Musik; er liest (›wahllos‹, wie er bescheiden sagt) Bücher über Medizin und Verbrechensaufklärung und erwirbt die ersten Stücke einer Kunstsammlung, die wenigstens zweimal verlorengeht und schließlich am 7. Dezember 1983 auf einer Auktion von Christies' in Amsterdam ein Vermögen erzielt.

Ein chinesischer Gentleman, der ihn gekannt hatte, lächelte, als er sich an den dunkeläugigen blonden Riesen erinnert, dessen Denken und Verhalten, wie er mir versicherte, typisch chinesisch waren. »Zweifellos«, so sagte er nachdenklich, »die Inkarnation eines illustren Geistes aus unserer fernen Vergangenheit, der sich entschieden hat, mit einem Sinn für Humor zu uns zurückzukehren.« Van Gulik erhielt von seinen Gelehrtenkollegen einen chinesischen Namen, der auf den Lauten seines holländischen

Namens basierte, *Kao lo-pei*, 高 羅 佩 (*Kao*=Gu, *Lo-pei*=Robert), ein Name, mit dem er stolz seine in Chinesisch verfaßten wissenschaftlichen Abhandlungen unterzeichnete. Als der ›ehrenwerte Kao‹ wurde er in den vielen Ländern, in denen er von da an lebte, wie ein echter chinesischer Gelehrter akzeptiert.

Seinen chinesischen Studien, denen er mit großem Vergnügen in Tokio nachgegangen war, widmete er sich mit noch größerer Hingabe, als er 1942 zusammen mit all den anderen Diplomaten der damals mit Japan Krieg führenden Länder nach Tschungking evakuiert wurde. Van Gulik war glücklich dort und wollte nicht weg, aber der Krieg ging zu Ende, und Den Haag rief ihn zurück. Anstatt traurig zu sein, nahm er seine Studien an der Leidener Universität wieder auf. Es folgte eine Versetzung nach Washington, wo er sich die amerikanischen Bibliotheken zunutze machte und hervorragende Sinologen kennenlernte, doch er zog den Fernen Osten vor und war zufrieden, als er 1948 nach Tokio zurückkehren durfte. Von dort wurde er 1951 nach Neu-Delhi, dann nach Kuala Lumpur und später in den Libanon geschickt – und mit jeder Versetzung war eine beachtliche Beförderung verbunden. In Beirut wurde er 1956 zum bevollmächtigten Gesandten der Niederlande für den Mittleren Osten ernannt. 1965 schließlich wurde er holländischer Botschafter in Japan, ein Posten, den er bis zu seinem Tod zwei Jahre später innehatte. Nur der Wandel ist beständig; nicht einmal der Schmerz ist von Dauer. Diese Wahrheit hatte er schon früher erkannt, als er ein japanisches Gedicht übersetzte:

Washi ga shinotote
Wenn ich sterbe

Wenn ich sterbe
Wer wird dann um mich trauern?
Nur die schwarzen Krähen aus den Bergen
werden um mich trauern.
Aber die Krähen, die aus den Bergen kommen
Trauern auch nicht um mich:
Sie trauern um das unerreichbare Opfergebäck
Auf meinem Totenaltar.

3

Bevor van Gulik mit seinen Richter-Di-Geschichten begann, war er als Sinologe, außer in Universitätskreisen, kaum bekannt. Nur wenige seiner Publikationen erreichten das allgemeine Publikum. *Sexual Life in Ancient China*, erschienen 1961 bei E. J. Brill (Universitätsdruckerei Leiden), war ein dickes Buch von über vierhundert Seiten, mit einem attraktiven Einband, jedoch zu wissenschaftlich und zu teuer, um den Laien anzusprechen. Das gleiche gilt für einen anderen, noch gelehrsameren und dickeren Band, *Chinese Pictorial Art as viewed by the connoisseur*, veröffentlicht 1958 vom *Istituto Italiano per il Medio ed Estremo Oriente* in Rom. Ferner erschienen *The Gibbon in China*, das 1967 wieder bei Brill herauskam, und noch unbekanntere Büchlein wie *Hsi K'ang and his Poetical Essay on the Lute* (Tokio, Sophia Universität 1941). Seine privat gedruckten Abhandlungen, wie zum Beispiel *Buchillustrationen während der Ming-Dynastie* (in Niederländisch), erschienen in sehr begrenzter Auflage und waren als Geschenke für Freunde und Verwandte gedacht. Einige Exemplare gelangten zum Selbstkostenpreis in Chinoiserie-Buchhandlungen und -Läden, aber keines der Bücher war je kommerziell erfolgreich.

All das änderte sich, als van Gulik das *Dee Goong An* übersetzte und veröffentlichte.

Bucheinband mit original japanischem Holzblockdruck, angefertigt von Robert van Gulik für das 1949 von ihm übersetzte *Dee Goong An*

Ein Mandarin, ein chinesischer Gentleman-Schriftsteller, ließ sich nie dazu herab, den eigenen Namen unter seine Werke zu setzen, es sei denn, er schrieb Erziehungsbücher oder historische Erzählungen – Literaturformen, die vom Kaiserlichen Hof gebilligt wurden. Alle fiktiven Geschichten mußten unter Pseudonym erscheinen. Ein Autor, der »erfand«, war kein Künstler, sondern ein Handwerker; sein Status war ungefähr so gering wie der eines Schauspielers oder Straßensängers, selbst wenn das Publikum liebte, was er tat. Das ist der Grund, weshalb niemand weiß, wer das *Dee Goong An* geschrieben hat. Das Buch erschien im achtzehnten Jahrhundert und war ein echter Krimi, ein Vorläufer dieses Genres im Westen. Das erste Exemplar entdeckte van Gulik in Tschungking, in einer Bibliothek, die von japanischen Bomben verschont worden war. Begeistert von der faszinierenden Handlung (Richter Di löst drei nicht miteinander verbundene Fälle), stellte van Gulik Nachforschungen an und fand heraus, daß das Buch seit Hunderten von Jahren in Druck war. Es sollte die Grundlage für seine eigene umfangreiche Serie werden, aber das wußte er noch nicht, als er herumlief und Informationen über den historischen Richter Ti Jen-chieh (630–700) sammelte, der seine Laufbahn als Bezirksrichter begann und als Staatsminister beendete. Das Buch war ein großartiger Roman, und obendrein besaß es einen hohen Wert als historische Quelle, da es weitere Auskünfte über die berühmtberüchtigte Tang-Dynastie gab.

Van Gulik begann sogleich mit seiner Übersetzung ins Englische und gab das Manuskript (1949) seinen Bekannten in Japan. Da sich alle begeistert zeigten, riskierte er einen Privatdruck von zwölfhundert Exemplaren, ›mit Originalholzdruckumschlägen versehen und vom Autor signiert‹. Die Ausgabe wurde verkauft (ich vermute, daß er eine beträchtliche Anzahl verschenkte) und von Dover Publications in New York (1976) neu aufgelegt.

Die Gestalt des Richters Di machte tiefen Eindruck auf van Gulik. Da er ein begeisterter Anhänger des Detektivromans war, korrespondierte er mit mehreren englischen und amerikanischen Autoren. Er schickte ihnen das *Dee Goong An* und schlug ihnen vor, sich neue Plots auszudenken. Doch die Schriftsteller, die ihre Grenzen kannten, scheuten davor zurück.

Nun versuchte van Gulik selbst, die Idee zu verwirklichen, und schrieb *The Chinese Maze Murders* (1950) auf Japanisch (dt.: *Mord im Labyrinth*). Es wurde sofort veröffentlicht und verkaufte sich leicht, weil, wie unfreundliche Kritiker behaupteten, er darauf bestanden hatte, daß auf dem Einband eine (von ihm selbst gezeichnete) nackte Frau zu sehen war. Die nachfolgende chinesische Version mit dem Titel *Ti-jen-chieh-ch'ian* (Singapur 1953) ging gleichermaßen gut. Van Guliks Bemühen hatte idealistische Gründe. Er war entsetzt über den sensationslüsternen und pornographischen Schund, der in den Buchläden des Orients angeboten wurde, und wollte das Publikum wieder mit den besten seiner eigenen Werke bekannt machen, wie sie das alte chinesische Reich verkörperte. Der Verlag Michael Joseph in London druckte van Guliks englisches Manuskript (1952), das sofort ein Bestseller wurde. Van Gulik war auf dem Wege, ein beliebter und exotischer Thrillerautor zu werden, besonders in der englischsprachigen Welt, wo die Leser seit dem unnachahmlichen Sherlock Holmes an Krimis gewöhnt waren. Van Guliks Schöpfung war eine willkommene Neuheit. Die Zahl der britischen und amerikanischen Auflagen der Serie, die schließlich siebzehn Bücher umfassen sollte, war erstaunlich hoch – alle Bände wurden kürzlich von Scribners und der University of Chicago Press neu aufgelegt, und auf vielen Umschlägen sind erotische Zeichnungen des Autors zu sehen. Der sexuelle Aspekt hat zweifelsohne zum Erfolg der Serie beigetragen, was historisch gerechtfertigt ist, denn die Chinesen der Tang-Zeit waren von einer ungezwungenen Sinnlichkeit. Jedes Buch enthält mehrere erotische Szenen, die van Gulik immer mit einer Illustration versehen hat, allerdings nicht im Tang-, sondern im Ming-Stil – mit einfachen Linien gezeichnete Darstellungen, die die Phantasie des Lesers anregen.

Ab Visser, der holländische Kriminalromanschriftsteller, mit dem van Gulik freundschaftlichen Verkehr pflegte, erzählte mir, daß sein Freund nach einigen Schlucken Genever gern flüsternd verriet: »Richter Di bin ich.« Das ist eigentlich nicht weiter überraschend. Conan Doyle war Sherlock Holmes, Chandler Marlowe, Hammet Sam Spade. Ein Autor projiziert sich selbst; wen sonst kann er auf seine Bühne schicken? Selbst wenn er andere zu erschaffen versucht, kann er sie immer nur nach seinem eigenen Bild formen, entweder nach dem sichtbaren Teil oder nach dem, der sich in einem ›Schatten‹ verbirgt. Um einem *Helden* Gestalt zu verleihen, werden bestimmte

Richter Di spielt die siebensaitige Laute

Teile des Selbst optimal kombiniert, und wir sehen den Autor so, wie er sich selber gern sähe. Es kommt oft vor, daß ein Schriftsteller, auch wenn er sein Bestes tut, eine Karikatur hervorbringt, wie zum Beispiel Tin Tin, James Bond, Charlie Chan, sogar Holmes. Van Gulik jedoch schenkt uns, was selten ist, einen wahren Helden, die ideale Vaterfigur (der, um die Kinder nicht zu langweilen, seine liebevollen Ermahnungen mit Schwertspielen und höchst spektakulären und raffinierten Kunststücken auflockert), ja sogar einen potentiellen und sehr begehrenswerten Liebhaber (mit breiter Brust, groß, athletisch und intelligent, die lesenden Damen könnten keine bessere Wahl treffen), der sich zu benehmen weiß. Und damit wir uns ein noch vollständigeres Bild machen können, schildert von Gulik manchmal seine und unseres Helden Träume.

Warum tut er das? Besteht eine Verbindung zwischen ihm und Richter Di? Ich glaube, ja. Di kam aus einer guten Familie – sein Vater war ein hoher Beamter in der Hauptstadt – und sah sich nie den Schwierigkeiten eines weniger glücklichen Burschen ausgesetzt, dessen Haus den Sumpf und nicht den Fluß überblickte. Es war zu erwarten, daß Di die staatlichen Prüfungen bestehen würde, aber er tat noch mehr, er durchbrach die seinesgleichen auferlegten Beschränkungen.

Wie van Gulik, Sproß einer Sippe von ›Säbeltigern‹, für eine glänzende Karriere bestimmt, war Di mehr als die Standardausgabe seines Typus' - der Mann war zweifellos ein Genie. Wie van Gulik spezialisierte Di sich darauf, den Seitenstraßen und Hintergassen zu folgen, anstatt auf den bequemen Boulevards umherzuschlendern. Er studierte lieber Recht als Philosophie, lieber Medizin als die poetischen Lebensschilderungen mythischer Zeiten. Und wie van Gulik beherrschte Di auch eine andere Sprache, denn wir hören ihn Kantonesisch reden, eine Sprache, die von Mandarin völlig verschieden ist, auch wenn sie die gleiche Schrift benutzt. Dis Richterberuf ähnelt dem eines Botschafters, und Di wurde schließlich zum Staatsminister und Ratgeber am Hofe der schrecklichen Kaiserin Wu ernannt, einer verrückten Dame, deren unheilvolle Machtspiele er unter Kontrolle zu halten lernte, ohne seinen Kopf dabei zu verlieren.

Wer sich je mit der Geschichte der Tang-Dynastie beschäftigt hat, wird zugeben müssen, daß nur ein ›Edler‹ dem schrecklichen und sadistischen Blutvergießen jener Zeit entgegentreten konnte. Di war redlich. Van Gulik muß ebenfalls unbestechlich gewesen sein, aber Di stand in tieferer Verbindung mit der Volksseele, als es van Gulik je möglich war, denn Di ist heute ein Archetyp, der sogar die Kulturrevolution überlebt hat und den man überall in der bevölkerungsreichsten Nation der Erde im Brokatgewand auf Tribünen umherstapfen sehen kann.

Daß van Gulik sich gern mit Di identifiziert, wird andere Gründe haben. Der Richter ist ein stattlicher, breitschultriger Riese mit wallendem Vollbart. Er ist ein Meister im Schwert- und Stockfechten und fortgeschritten in der Kunst des chinesischen Boxens – der Urform des Judo und des Karate. Außerdem ist er mutig und liebt es, sich in einer Vielzahl von Verkleidungen inkognito unter das einfache Volk zu mischen. Diese Supermann-Aspekte lagen jenseits der Möglichkeiten van Guliks, wenn man seine eigenen zeitlichen und räumlichen Lebensumstände berücksichtigt, doch bezüglich mancher Details konnte er sich durchaus mit seinem überlegenen Ich vergleichen. Sowohl van Gulik als auch Di hatten zwei ausgefallene Hobbys: sie pflegten Umgang mit Gibbons und spielten beide die chinesische Laute.

Ein intelligenter Autor weiß, wie er seinen Helden ein wenig herabsetzen kann, denn nur Heilige stolpern und fallen nie, und solche unfehlbaren Figuren sind nicht mehr *en vogue*. Der moderne Mensch hat gelernt, zynisch zu sein, und zu viele betrügerische Gurus haben sich ihren Markt verdorben. Leser wie Autoren identifizieren sich gern mit den Helden, aber sie können nur Di *sein*, wenn auch der Richter ein wenig verliert. Deshalb ist Di mit dem negativen Zug der Arroganz ausgestattet, was vielleicht sogar der Realität entspricht, denn Chinesen, und besonders die an der Spitze der Gesellschaft stehenden, konnten und können sehr eingebildet sein. China auf Chinesisch ist immer noch ›Das Reich der Mitte‹, und alles, was nicht China ist, ist an den Rand gedrängt worden. Nicht-Chinesen – und van Gulik gelingt es, in jeder Geschichte ein paar davon unterzubringen – fühlt sich Di immer überlegen, und er schüttelt unwillig seine Ärmel, wenn sie ihn anzusprechen wagen. Er redet *kurz angebunden* mit ihnen. »Ist dir aufgefallen«, schrieb mir einmal ein Freund, »wie oft Richter Di *kurz angebunden* mit den unter ihm Stehenden spricht?« Er hat recht, dennoch müssen wir uns Di nicht als einen mürrischen Chauvinisten vorstellen. Er bemüht sich immer herauszufinden, was die Ausländer wollen,

Richter Di und seine drei Gemahlinnen

und bewundert insgeheim sogar einige ihrer Schöpfungen. Die negative Seite fällt kaum ins Gewicht, denn Di ist ein gerechter Beamter, der für die geringstbezahlten Arbeiter, für Bettler und sogar für Frauen da ist, und er tritt für sie ein, wenn er glaubt, daß sie Unrecht erlitten haben. Er gibt keine Ruhe, bevor die Wunden des Opfers nicht geheilt sind und die Unterdrückten sich wieder erheben und geachtete Bürger ihres mächtigen Landes sein können.

Außer den erotischen Illustrationen führte van Gulik eine weitere Neuerung ein, die dem Verkauf seiner Bücher förderlich war. Leser von Kriminalromanen waren an einen Detektiv gewöhnt, der in einem Buch *ein* Verbrechen aufklärte, und es war ihnen noch nicht in den Sinn gekommen, daß eine solche Situation höchst unrealistisch sein könnte. Wir leben in einer schlechten Welt, und das Böse schlägt an vielen Orten gleichzeitig zu. Selbst Privatdetektive arbeiten, wenn sie gut sind (und wer möchte schon etwas über die erfolglosen lesen?), für viele Klienten gleichzeitig. Di war Bezirksrichter im alten China. Diese Position bedeutete mehr als bloß Richter zu sein – er war außerdem Polizeichef, Stadtvorsteher und oberster Steuereinnehmer. Die Kriminellen warteten nicht, bis ein Verbrechen aufgeklärt war, bevor sie weitere heimtückische Taten begingen. Aus diesem Grund enthalten die meisten Thriller van Guliks mehr als einen Fall, so daß der arme Di von einem Ort zum nächsten hetzen muß und kaum Zeit fürs Familienleben hat; doch wenn sich für ihn eine Gelegenheit ergibt, von seinen drei charmanten Frauen verwöhnt zu werden, kommt auch das in den Büchern vor.

Van Gulik ließ die Maske des Wissenschaftlers fallen, wenn er die Richter-Di-Romane schrieb, und nicht alle Fakten sind historisch belegbar.

Um seinen Lesern ein Gerüst zur Orientierung an die Hand zu geben, verfaßte er einen fiktiven Lebenslauf des Richters.*

Zeit, Ort und Richter Dis Amt	*Titel* (Die Kurzgeschichten aus *Judge Dee at Work* [dt.: *Richter Di bei der Arbeit*] sind mit einem Stern gekennzeichnet)	Informationen über Richter Di, seine Familie, seine Assistenten und Personen, die in mehr als einer Geschichte auftauchen
630 n. Chr. Tai-yuan, Hauptstadt der Provinz Shaanxi.		Richter Di geboren. Erhält Grundschulausbildung zu Hause. Besteht die Literaturprüfungen der Provinz.
650 Die Hauptstadt		Richter Dis Vater zum kaiserlichen Ratgeber in der Hauptstadt ernannt. Richter Di Privatsekretär seines Vaters; heiratet seine erste und seine zweite Frau. Besteht die literarische Prüfung in der Hauptstadt und wird zum Sekretär der kaiserlichen Archive ernannt.

* Fiktiv, bis auf das Geburtsdatum und die historische Anmerkung am Ende. Die der amerikanischen Scribner-Ausgabe von *Judge Dee at Work* entnommene Chronologie umfaßt 14 Romane und 8 Kurzgeschichten; sie enthält nicht: *Necklace and Calabash* (1967) und *Poets and Murder* (1968).

663 Bezirksrichter von Peng-lai, ein Distrikt an der Nordostküste des chinesischen Reiches.	*The Chinese Gold Murders* (London 1959; dt.: *Geisterspuk in Peng-lai*). Der ermordete Bezirksamtmann, Die verschwundene Braut, Der ermordete Gerichtsschreiber.	Richter Di reist in Begleitung von Wachtmeister Hung nach Peng-lai, um seinen ersten unabhängigen Beamtenposten anzutreten. Begegnet unterwegs Ma Jung und Tschiao Tai. Erste Erwähnung des Schwertes Regendrache; Tschiao Tai sieht voraus, daß er mit jenem Schwert getötet werden wird. Kapitel fünfzehn schildert die Abenteuer von Fräulein Tsao.
	**Five Auspicious Clouds* (dt.: *Fünf glückbringende Wolken*)	Eine Woche nach Richter Dis Ankunft in Peng-lai. Frau Ho: Selbstmord oder Mord? Von Richter Di allein aufgeklärt.
	**The Red Tape Murder* (dt.: *Tod in der Festung*)	Einen Monat später. Ein Mordfall in der Armee, aufgeklärt von Richter Di, unter Mitwirkung von Ma Jung und Tschiao Tai. Oberst Meng verschwindet.
	**He Came with the Rain* (dt.: *Er kam mit dem Regen*)	Sechs Monate später. Ermordung eines Pfandleihers, von Richter Di allein aufgeklärt. Oberst Meng wird wieder erwähnt. Richter Di beschließt, Fräulein Tsao als seine dritte Frau zu heiraten.
	The Lacquer Screen (London 1962; dt.: *Der Wandschirm aus rotem Lack*). Der Lackschirm, Der reiche Kaufmann, Die veruntreuten Rechnungen.	Aufgeklärt von Richter Di unter Mitwirkung von Tschiao Tai während eines kurzen Aufenthalts im Bezirk Wei-ping. Zweiter Hinweis auf Tschiao Tais Tod durch das Schwert.

666 Bezirksrichter von Han-yuan, ein Distrikt am Ufer eines Sees nahe der Hauptstadt.	*The Chinese Lake Murders* (London 1960; dt.: *Der See von Han-yuan*). Die ertrunkene Kurtisane, Die verschwundene Braut, Der verschwenderische Ratgeber.	Aufgeklärt von Richter Di, Ma Jung und Tschiao Tai. Dis zukünftiger vierter Gehilfe, Tao Gan, erscheint hier zum ersten Mal. Der reiche Landbesitzer Han Yung-han tritt auf (*passim*). Beschreibung des Königs der Bettler von Han-yuan.
	The Morning of the Monkey (London 1965; dt.: *Der Morgen des Affen*) (in *The Monkey and the Tiger* [dt.: Der Affe und der Tiger]).	Mord an einem Landstreicher, aufgeklärt von Richter Di und Tao Gan; Tao Gan wird endgültig in Richter Dis Dienste genommen. Der König der Bettler taucht erneut auf. Han Yung-han wird erwähnt.
	The Haunted Monastery (London 1961; dt.: *Nächtlicher Spuk im Mönchskloster*). Der einbalsamierte Abt, Die fromme Magd, Der mürrische Mönch.	Die Handlung spielt in einem alten Taoistentempel in den Bergen von Han-yuan. Mordfälle aufgeklärt von Richter Di, zusammen mit Tao Gan. Richter Dis Einstellung gegenüber seinen Frauen beschrieben.
	**The Murder on the Lotus Pond* (dt.: *Mord am Lotosteich*)	Ermordung eines alten Poeten, aufgeklärt von Richter Di und Ma Jung.
668 Bezirksrichter von Pu-yang, blühender Distrikt in der Provinz Kiangsu, am großen Kanal.	*The Chinese Bell Murders* (London 1958; dt.: *Wunder in Pu-yang?*). Der Raubmord in der Halbmondstraße, Das Geheimnis des Buddhatempels, Das Skelett unter der Glocke.	Aufgeklärt von Richter Di und seinen vier Assistenten Wachtmeister Hung, Ma Jung, Tschiao Tai und Tao Gan. Erster Auftritt von Sheng Pa, Anführer der Bettlergilde (*passim*). Erster Auftritt von Bezirksrichter Lo aus dem Nachbardistrikt.

	**The Two Beggars* (dt.: *Zwei Bettler*)	Mord aufgeklärt von Richter Di, unter Mitwirkung von Wachtmeister Hung. Erneutes Auftreten von Bezirksrichter Lo.
	**The Wrong Sword* (dt.: *Das falsche Schwert*)	Mord an einem jungen Akrobaten, aufgeklärt von Richter Di, zusammen mit Ma Jung und Tschiao Tai. Sheng Pa taucht wieder auf.
	The Red Pavilion (London 1964; dt.: *Tod im Roten Pavillon*). Die hartherzige Kurtisane, Der verliebte Akademiker, Die unglücklichen Liebenden.	Die Handlung spielt im Vergnügungsviertel der Paradiesinsel, wo sich Richter Di zwei Tage in Begleitung von Ma Jung aufhält. Bezirksvorsteher Lo taucht wieder auf.
	The Emperor's Pearl (London 1963; dt.: *Die Perle des Kaisers*). Der tote Trommler, Das ermordete Sklavenmädchen, Die Perle des Kaisers.	Morde während der jährlichen Bootsrennen, aufgeklärt von Richter Di, mit Wachtmeister Hungs Unterstützung. Sheng Pa tritt wieder auf; seine Romanze mit Fräulein Violetta Liang.
670 Bezirksrichter von Lan-fang, ein Distrikt an der äußersten Westgrenze.	*The Chinese Maze Murders* (London 1952; dt.: *Mord im Labyrinth*). Der Mord im versiegelten Zimmer, Das verborgene Testament, Das enthauptete Mädchen.	Im ersten Kapitel werden die Gründe für Richter Dis plötzliche Versetzung in diesen fernen Grenzdistrikt genannt. Entmachtung eines lokalen Tyrannen und verschiedene rätselhafte Morde, aufgeklärt von Richter Di, Hung, Ma Jung, Tschiao Tai und Tao Gan. Das Uigurenmädchen Talbi wird Ma Jungs Liebste. Hauptmann Fangs Geschichte; Fangs Sohn zum Konstabler ernannt.

	The Phantom of the Temple (London 1966; dt.: *Das Phantom im Tempel*)	Drei Verbrechen, die sich als eines herausstellen; aufgeklärt von Richter Di, zusammen mit Wachtmeister Hung und Ma Jung. Charakterisierung von Richter Dis drei Frauen; mehr Einzelheiten über seine dritte Frau (das frühere Fräulein Tsao). Das Uigurenmädchen Talbi erscheint wieder. Hauptmann Fang erwähnt, Auftreten seines Sohnes.
	**The Coffins of the Emperor* (dt.: *Die kaiserlichen Särge*)	Zwei schwierige Fälle, von Richter Di allein gelöst, als er, während des Tatarenkrieges, zum Grenzbezirk Ta-shih-ku beordert wird.
	**Murder on New Year's Eve* (dt.: *Blutiger Neujahrsabend*)	Ein höchst ungewöhnlicher Fall, von Richter Di allein gelöst, nachdem er vier Jahre in Lan-fang zugebracht hatte.
676 Bezirksrichter von Pei-tscho, ein trostloser Distrikt im unfruchtbaren Norden.	*The Chinese Nail Murders* (London 1961; dt.: *Nagelprobe in Pei-tscho*). Die kopflose Leiche, Die Papierkatze, Der ermordete Kaufmann.	Nach nur wenigen Monaten auf diesem neuen Posten wurde Richter Di zum Präsidenten des obersten Gerichts in der Hauptstadt ernannt. In Pei-tscho klärt er mehrere besonders grausame Morde auf, mit Unterstützung von Wachtmeister Hung, Ma Jung, Tschiao Tai und Tao Gan; Wachtmeister Hung jedoch wird während der Arbeit an einem der Fälle getötet. Das Vorleben der drei Frauen Richter Dis wird geschildert. Auftritt von Frau Kuo, der Dame vom Medizinhügel.

	The Night of the Tiger (London 1965; dt.: *Die Nacht des Tigers*) (in *The Monkey and the Tiger* [dt.: *Der Affe und der Tiger*]).	Ermordung eines jungen Mädchens, von Richter Di allein aufgeklärt, als er, auf dem Weg von Pei-tscho in die Hauptstadt, in einem einsamen Landhaus übernachten muß. Frau Kuo und Wachtmeister Hungs Tod werden erwähnt.
677 Präsident des obersten Gerichts in der kaiserlichen Hauptstadt.	*The Willow Pattern* (London 1965; dt.: *Mord nach Muster*). Das Weidenmuster, Der Treppensturz, Der Mord an einer Schuldsklavin.	Richter Di hat sein neues Amt als Präsident des obersten Gerichts angetreten. Ma Jung und Tschiao Tai sind zu Obersten der kaiserlichen Garde, Tao Gan zum Obersekretär des Gerichtshofs befördert worden. Ma Jung heiratet die Zwillingsschwestern Yuan.
681 Präsident des obersten Gerichts.	*Murder in Canton* (London 1966; dt.: *Mord in Kanton*). Der kaiserliche Zensor, Die Smaragdtänzerin, Die heimlichen Liebenden.	Die Handlung spielt in Kanton, wohin Richter Di mit einem Sonderauftrag geschickt worden ist. Morde aufgeklärt von Richter Di, unter Mitwirkung von Tschiao Tai und Tao Gan. Tschiao Tai kommt durch das Schwert Regendrache um. Tao Gan beschließt, Fräulein Liang zu heiraten. Erwähnung von Frau Kuo und der Tragödie auf dem Medizinhügel.

Historische Anmerkung: Richter Di starb im Jahre 700 n. Chr. Er hinterließ zwei Söhne, Di Guang-se und Di Djing-hui, die ehrenvolle Beamtenkarrieren machten, ohne sich jedoch besonders hervorzutun. Die außergewöhnliche Persönlichkeit und große Klugheit Richter Dis kamen erst wieder bei seinem Enkel Di Djien-mo zum Vorschein, der als Gouverneur der kaiserlichen Hauptstadt starb.

4

Propheten im eigenen Lande sind sprichwörtlich unbeliebt, und die holländischen Rezensenten schienen sich verschworen zu haben, die Richter-Di-Bücher, als diese Ende der fünfziger, Anfang der sechziger Jahre herauskamen, zu verunglimpfen. Vielleicht war Mißgunst mit im Spiel, eine der morschen Säulen, auf denen die menschliche Gesellschaft schwankt. Die Serie war eindeutig eine Sensation, und die Verkäufe waren gut, aber die klugen Herren, die sich ihren Lebensunterhalt damit verdienen, daß sie Bücher beurteilen, mögen den neuen erfolgreichen Romancier, der bereits ein Spitzendiplomat und ein durch Veröffentlichungen bekannter Wissenschaftler war, beneidet haben und hätten es vielleicht schaffen können, ihn von ›ihrem‹ Markt fernzuhalten. Was immer der unerfreuliche Grund war, sie alle trampelten mit Stiefeln auf ihm herum. Die negativen Kommentare gingen gewöhnlich alle in dieselbe Richtung: »Robert van Guliks Bücher können trotz ihres Erfolgs im Osten und im Westen keinesfalls einen literarischen Wert für sich beanspruchen«, und: »Die Ursache für den Erfolg dieser billigen ›exotischen‹ Thriller ist wohl allein das Bedürfnis unserer modernen Welt, sich an Blutrunst und niedriger Lust aus zweiter Hand zu berauschen, und nicht der Wunsch, etwas über eine andere Zivilisation zu erfahren.« Niemand würdigte die Sachkenntnis des Autors. Als sein Verleger Van Hoeve tot und auch van Gulik gestorben war, ließ man es zu, daß die Serie langsam einschlief. Ein anderes Haus übernahm den Van Hoeve-Verlag, kümmerte sich jedoch nicht um Richter Di, und so wurde ich von einigen seiner Anhänger 1978 gebeten, mich für eine Neuauflage der Serie einzusetzen. Unser bestes Argument waren die irrsinnigen Preise, die Erstausgaben der Bücher erzielten, und einige ausländische Auflagen aus jüngster Zeit, die ich herumzeigen konnte. Der neue Verleger ließ sich überzeugen und verkaufte in den folgenden fünf Jahren beinahe eine Million Exemplare. Van Gulik wäre über diese zweite Ruhmeswelle vielleicht erfreut gewesen, obwohl er, dank seiner wissenschaftlichen und geistigen Schulung, bloßer menschlicher Anerkennung gewiß keine allzu große Bedeutung beigemessen hätte. In den Kartons der Mugar Library fand ich ein weiteres japanisches Gedicht, das vielleicht seine Gefühle ausgedrückt haben könnte:

Seki no yugiri
Abendnebel auf dem Bergpaß

Ist es die Tempelglocke, die läutet?
Oder ist es der Klang des Klöppels?
Es muß wohl irgend etwas sein
Zwischen Glocke und Klöppel.

Es gibt eine holländische Redensart: »Die Glocke klingeln hören, ohne zu wissen, wo der Klöppel hängt.« Van Gulik hat vielleicht an diesen Ausspruch gedacht, als er das

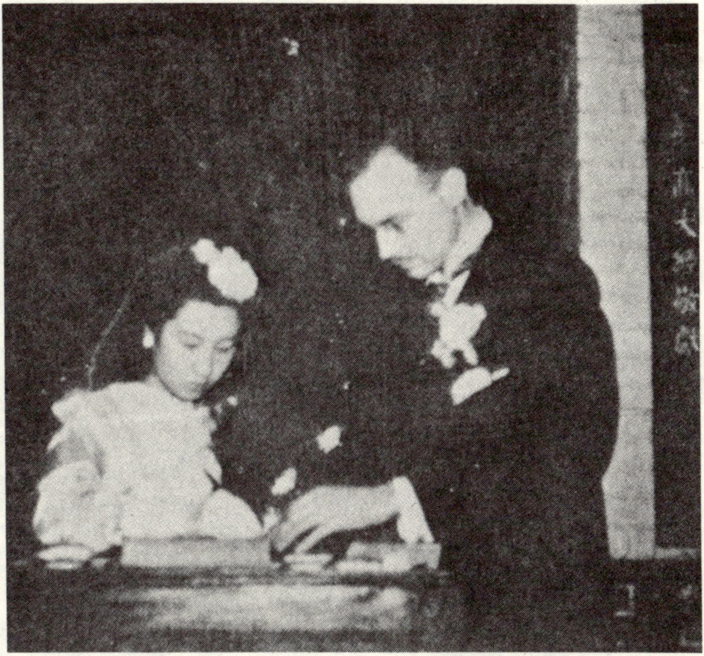

Hochzeit von Shui Shifang und Robert van Gulik
Tschungking, 1943

kleine Gedicht übersetzte, das die menschliche Unwissenheit zum Thema hat. Es ist nicht schwer, sich vorzustellen, wie der kräftig gebaute Holländer – Botschafter, Sinologe, Mandarin, Kunstsammler, populärer Romanautor – auf irgendeinem östlichen Bergpaß durch den Nebel wandert, über menschliches Bemühen und Relativität nachdenkt und sich in bezug auf seine eigene Selbsteinschätzung und die Ideen der anderen frei und zugleich verloren fühlt.

Sein Freund John Blofeld, der britische Beamte, mit dem er seine Kriegserfahrungen in Tschungking teilte, erwarb sich einen Ruf als Mystiker, als buddhistischer Eingeweihter. Wie van Gulik sprach, schrieb und las Blofeld fließend Chinesisch. Blofeld, der jetzt in Bangkok lebt, ist mir durch seine vielen Bücher über buddhistische und taoistische Erleuchtung bekannt, alles liebenswürdige Studien über erhabene Themen. Er war so freundlich, meinen Brief zu beantworten, in dem ich ihn bat, »mir alle Einzelheiten über Ihre Begegnungen mit Dr. van Gulik, an die Sie sich vielleicht noch erinnern, zu berichten«. Er gestattete mir, seine Bemerkungen vom 8. Mai 1978 zu zitieren:

»Ich kannte Robert ziemlich gut und sah ihn oft zwischen 1943 und 1945, denn ich war damals Kulturattaché an der britischen Botschaft in Tschungking, und er war Sekretär oder hatte irgendeinen anderen höheren Posten in der niederländischen Gesandtschaft. Was uns verband, war unser Interesse an chinesischen Dingen; obwohl er, soweit ich weiß, immer ein echter Wissenschaftler in dem Sinne blieb, daß er sich für chinesische Religionen allein als Gelehrter und Künstler interessierte und nicht wie ich aus einer persönlichen religiösen Überzeugung heraus. Selbst in jenen Tagen glich sein Zimmer mehr dem Studierzimmer eines chinesischen Literaten als dem Büro eines Diplomaten. Er war ein hochgewachsener Mann, der das Leben liebte und gern lachte; er ähnelte in vieler Hinsicht einem elisabethanischen Staatsmann, wenn man sich eine solche Persönlichkeit nicht als Gestalt der Renaissance, sondern mit einem östlichen Kulturhintergrund vorstellen kann. Bei alledem war er ein wirklich brillanter Linguist, auch wenn er weder im Englischen noch im Chinesischen je seinen starken niederländischen Akzent verlor. Jeder mochte ihn gern, und es war so etwas wie ein Privileg, von einem solchen Mann zum Freund auserwählt zu werden.

Er heiratete erst gegen Ende unserer gemeinsamen Tschungkinger Jahre, doch irgendwann in dieser Zeit verlobte er sich mit seiner zukünftigen Frau, einem Fräulein Shui aus Peking. Sie gefiel mir sehr gut, aber ich kannte sie kaum, denn den größten Teil meiner Zeit in Tschungking war er noch Junggeselle. Ich denke mir, daß sie einem recht altmodischen (für die damaligen Verhältnisse seltenen) Gelehrtenmilieu entstammen mußte, um anziehend auf ihn zu wirken.

Robert beherrschte damals vier erstaunliche Dinge, obwohl für einen Westeuropäer schon die Beherrschung eines einzigen davon ungewöhnlich war. Er konnte so gut chinesische ›Grasschrift‹ (eine unregelmäßige, diskursive Schriftform) schreiben, daß sogar seine chinesischen Freunde an seinen Wandrollbildern Gefallen fanden; er konnte die klassische chinesische Laute (Ku ch'in) mit sieben Saiten spielen; er konnte Bücher auf Chinesisch und für chinesische Leser schreiben; und er konnte gute chinesische Siegel in harten Stein schneiden! Später entdeckte ich, daß er auch in Sanskrit, Malaiisch und vor allem Japanisch hervorragend war, fließend verschiedene westliche Sprachen beherrschte und sich in Latein auskannte. Obwohl er Diplomat war und gute Arbeit in diesem Beruf leistete, fand er (nach Tschungking) noch Zeit, seine außergewöhnlichen Bücher zu schreiben, zum Beispiel eines über zweihundert verschiedene, zum Aufziehen japanischer Rollbilder verwendete Papiersorten, ein anderes über eine bestimmte Bambusflötenart, ein sehr wissenschaftliches Werk über das Geschlechtsleben im alten China und – nur zum Vergnügen – die Richter-Di-Bücher. Was für ein Mann! Zwischen 1951, als ich in Bangkok eintraf, und seinem Tod 1967 kam er mehrere Male nach Bangkok, wo wir uns voller Freude wiedersahen, doch die Begegnungen waren immer so kurz, daß sie dem, was ich bereits gesagt habe, nichts Neues hinzufügen, bis auf einen Vorfall. Während wir das Buddha-Zimmer in meinem Haus besichtigten, deutete er auf den *Dorjeh (Vajra)** mit der ihn krönenden Glocke – er symbolisiert für die Tibeter viele versöhnungsbedürftige Gegensatzpaare, vor allem aber ›Mittel‹ (Mitleid) und ›Ziel‹ (Weisheit) – und erklärte mir dessen, seiner Meinung nach sexuelle, Bedeutung und daß er eine Verkörperung der männlichen und weiblichen Geschlechtsorgane sei. Nun,

* Ein *Dorjeh* ist ein kleiner, gewöhnlich kunstvoll verzierter stockähnlicher Gegenstand, den buddhistische Hohepriester in Tibet (*Lamas* genannt) tragen und als Zeichen ihres Ranges mit sich führen: die Verzierungen bestehen aus zwei stilisierten Ornamenten.

Van Gulik in der Bibliothek seiner Tokioer Residenz, 1948

ich lächelte nur und sagte nicht viel. Natürlich hatte er in gewisser Weise nicht unrecht, aber seine Darstellung war eine grobe Simplifizierung, die bei einem so großen Gelehrten doch überraschte. Aus dieser Episode und aus verschiedenen anderen Dingen schloß ich, daß er sich trotz seiner erstaunlichen linguistischen Fähigkeiten, seiner Leidenschaft für das wissenschaftliche Studium und seinem tiefen Verständnis für die Künste nie (wie einige der jüngeren Wissenschaftler und Gelehrten) von den *numinosen* Komponenten der chinesischen und indischen Religionen angezogen fühlte. Wenn C. G. Jung diese vielleicht erkannte, in seinen Veröffentlichungen aber vermied, zu viel darüber zu sagen aus Furcht, seinem Ruf als Wissenschaftler zu schaden, so war Robert, glaube ich, diesem Aspekt östlicher Studien gegenüber völlig blind. Falls ich recht habe, wirft das kein schlechtes Licht auf ihn, und es ist auch nicht überraschend; denn daß westliche Wissenschaftler die Möglichkeit der tatsächlichen Existenz dieser numinosen Elemente zugeben, ist eine ganz neue Entwicklung. Die meisten Gelehrten seiner Zeit und seines Alters hätten über ihre jüngeren Kollegen gelacht, so wie Robert es, glaube ich, auch tat – das war die Folge des damals in Gelehrtenkreisen üblichen streng wissenschaftlichen Denkens. Man kann sich schlecht vorstellen, wie er ehrfürchtig das *I Ging*, in ein hübsches Tuch gewikkelt, aufbewahrt, außer um der Schönheit des Tuches willen oder als wohlwollende Geste seinen chinesischen Freunden gegenüber. Ich glaube, man könnte ihn als einen extrovertierten Menschen bezeichnen.

Ihr ergebener John Blofeld.«

Hier der andächtige Mystiker, dort der zynische Wissenschaftler? Vielleicht. Gute Freunde, die sich trennen und unterschiedliche Wege gehen, mögen zu sehr verschiedenen Punkten gelangen. Van Gulik hat in seinem Arbeitszimmer vielleicht keinen Weihrauch verbrannt, um buddhistischen Statuen zu gefallen, und er mag vor der esoterischen Praxis langer täglicher Stunden bewegungsloser Meditation zurückgescheut sein, doch ich habe den Eindruck, daß Blofeld die tiefen Einsichten seines gelehrten Freundes gewaltig unterschätzt. Zweifellos hat van Gulik die mystische Falle vermieden, die die ernsthaft Neugierigen in strenggesichtige, im Nebel der Selbstbefriedigung einherschlurfende Heilige verwandelt, aber seine Helden, Richter Di und auch Meneer Hendriks, dem wir in seinem einzigen ›holländischen‹ Roman, *The Given Day* (Der geschenkte Tag) begegnen, sind interessante Projektionen der eigenen menschlichen Suche van Guliks. Vielleicht gelingt es mir, Mr. Blofelds allzu negative Vermutungen zu widerlegen.

5

Van Gulik hat sich nie in Form einer schriftlichen Abhandlung mit den drei chinesischen Religionen (Konfuzianismus, Taoismus und Buddhismus) befaßt, und zwar nicht, wie Blofeld vermutet, weil ihm die ›zentralen Fragen‹ fremd waren, sondern vielmehr, so glaube ich, weil er zu intelligent war, um sich in eindeutiger Sprache über Themen zu äußern, die sich ihrem Wesen nach unserem Zugriff entziehen. Das grundlegende Geheimnis, das sich in jedem Augenblick in einer grenzenlosen Schöpfung realisiert, kann nicht mit bloßen Worten erfaßt werden, und die Bescheidenheit des Weisen läßt van Gulik die Feder aus der Hand legen. Dennoch durchdringt der Hauch des Geheimnisses all unsere menschlichen Spiele, und es wäre egoistisch, vielleicht sogar dumm, wenn wir völlig stumm blieben, nachdem wir in irgendeiner Form Einsicht gewonnen hätten. Das Licht, sagen die Heiligen, muß weitergegeben werden, doch wir sollten aufpassen, daß wir uns nicht die Finger verbrennen.

Richter Di, wie sein *alter ego* van Gulik, war kein Dummkopf und analysierte gewohnheitsmäßig alles, was geschah. Er hatte normalerweise mit Kriminellen und eigensinnigen Kollegen zu tun und fand sich ständig von zahllosen einfältigen Bürgern umgeben, für die er die Ordnung aufrechterhielt. Doch hin und wieder begegnete er wahren Weisen, die in verschiedenartiger Gestalt auftraten. In *Necklace and Calabash* (dt.: *Halskette und Kalebasse*) lernen wir Meister Kalebasse, einen Taoisten, kennen. Die Begegnung zwischen Di und Kalebasse ist sehr aufschlußreich. Di reitet auf seinem edlen Roß durch einen finsteren Wald. Es ist spät am Tage, und das Licht verändert sich. Di denkt über das ›Selbst‹ nach, darüber, wer er unter der Verkleidung eines gewissenhaften Beamten wirklich ist, und erblickt sein ›wahres Selbst‹ in einer Gestalt, die ihm auf dem schmalen Pfad entgegenreitet, eine menschliche Gestalt, die bis in alle Einzelheiten sein eigenes Spiegelbild zu sein scheint. Dennoch besteht ein grundlegender Unterschied, verborgen im Abendnebel, der zwischen Bäumen und Büschen aufquillt. Zu Tode erschrocken erkennt Di in der Erscheinung die Personifizierung einer geheimen Botschaft.

Die Halluzination verschwindet, und die fade Wirklichkeit tritt an ihre Stelle. Als sich die beiden Männer unmittelbar begegnen, wird der Unterschied deutlich. Richter Di, der Jüngere und Größere von beiden, führt ein prächtiges Schwert mit sich, Meister Kalebasse einen einfachen Stock. Dis edles Pferd überragt den kleinen Esel des Weisen. Was dem Richter die ledernen Satteltaschen sind dem Weisen die Kalebassen, die anstelle wertvoller Besitztümer reines Quellwasser enthalten. Aber Di glaubte wirklich, er habe sein eigenes unverfälschtes Wesen gesehen.

Die Spuren dieses Ereignisses durchziehen den ganzen Roman, und wir erkennen, daß es tatsächlich ein solches Spiegelbild gibt. Kalebasse repräsentiert den wahren Wert von Dis individueller Existenz, aber in einer Weise, die eine genaue Erläuterung der Gleichheit vermeidet. Meister Kalebasse war einst selbst ein hoher Beamter, erlitt jedoch eine Identitätskrise, gab sein Amt auf und wurde Einsiedler. Di weiß, daß er das Beispiel seines Gegenübers gern nachahmen würde, gesteht sich jedoch traurig ein, daß sein mangelndes Wissen eine solche Kehrtwendung noch nicht zuläßt.

Die verschiedenen Szenen, in denen beide Figuren auftreten, sind so scharf gezeichnet, daß der Eindruck entsteht, hier beschreibe van Gulik seinen eigenen Kampf.

Der hochangesehene Botschafter (zwischen Japan und den Niederlanden bestanden enge Handelsbeziehungen, und van Guliks Position muß überragend gewesen sein) hinterließ eine Schublade voller Bildentwürfe, die alle Variationen desselben Themas darstellen. Auf jeder Zeichnung sehen wir den Autor allein und mit gekreuzten Beinen in einer Berghütte, in Kontemplation über die Leere versunken, fern von der selbstsüchtigen Welt. Van Gulik hat diesen Traum bei vielen Gelegenheiten erwähnt und sogar Ausschau gehalten nach einer geeigneten Stelle am Abhang des Berges Hiei, der den riesigen Biwa-See in der Nähe Kiotos überblickt, ein von vielen müde gewordenen Genies bevorzugter Ort und Wohnsitz von Einsiedlern zu allen Zeiten. Er wollte seine letzten Jahre an einem gesegneten Fleck verbringen, damit beschäftigt, seinen rastlosen Geist zur Ruhe kommen zu lassen und vielleicht den Nullzustand, der einst, unerklärlich und heilloses Durcheinander stiftend, den Urknall auslöste, zu erreichen. Meister Kalebasse bestätigt diese Möglichkeit. *»Leere, nichts als Leere«*, rezitiert der Weise, seinen Text aus der kleinen

Das Zusammentreffen von Richter Di und Meister Kalebasse

Bibel des Taoismus', dem *Tao-te-king*, entlehnend, wie van Gulik in seinem Nachwort erläutert.

Meister Kalebasse, der taoistische Adept, nimmt offiziell keine Schüler an, dennoch versetzt das Schicksal Di in die Position eines Schülers von Kalebasse. Die Handlung kulminiert in einem Kampf, in dem sich Meister Kalebasse und Di gemeinsam auf eine Auseinandersetzung mit der dunklen Seite einlassen, die sie zu vernichten trachtet. Di ist ein geübter Schwertfechter; er demonstriert eine Reihe komplizierter Stöße und Hiebe, und schließlich gelingt es ihm, einige der Angreifer niederzustrecken. Kalebasse indessen, der nichts zu tun scheint, ist ein noch imposanterer Sieger. Der alte Mann ist ein Krüppel – eins seiner Beine ist lahm – und sitzt während des ganzen Kampfes auf einem Stuhl, wobei er mit seinem Gehstock herumfuchtelt. Er erklärt Di, daß er sich ›leer‹ gemacht habe, so daß er alle Bewegungen seiner Feinde wie ein Spiegelbild parieren konnte. Immer wenn sie ihre Schwerter schwangen, wurden deren Spitzen von seinem Stock blockiert. Am Ende werden sie von Di getötet. John Blofeld jedoch behauptet, daß van Gulik keine Ahnung von der wahren Bedeutung eines *Dorjeh* hat.

In anderen Di-Romanen treten andere Weise auf, die den Richter stets irritieren, indem sie scheinbar harmlose Bemerkungen machen, die auf unerklärliche Weise sein Unterbewußtsein ansprechen.

Di, ein strenger Konfuzianer, war der geachtete Repräsentant der moralischen Autorität. Das System, an das er glaubte, hielt China jahrtausendelang zusammen. Relativieren ist nicht seine starke Seite, seine hartnäckige Abwehr gibt nur langsam nach. Van Gulik fördert Dis Individuation, indem er ihm immer geistige Superstars gegenüberstellt.

In *The Chinese Maze Murders* (dt.: *Mord im Labyrinth*) trifft Di auf Meister Kranichtracht, und van Gulik macht sich nicht einmal die Mühe, diesen Klostermönch mit beinahe übermenschlichen Zügen als Taoisten oder Buddhisten zu identifizieren. Kranichtracht lebt ein genußvoll ästhetisches Leben in einer von herrlichen Orchideen überwucherten Berghütte, und er gibt Di sogleich zu verstehen, daß er, der Weise, diejenigen, die den gewöhnlichen Weg beschreiten, nicht bewundert. Es kommt zu einem rätselhaften Dialog, oder besser Monolog (denn Di macht nur ein dummes Gesicht), der ein aufschlußreiches Gedicht enthält:

> Zwei Wege führen zum Tor des ewigen Lebens:
> Entweder man bohrt wie ein Wurm seinen Kopf
> in den Schlamm,
> Oder man steigt wie ein Drache zum Himmel empor.

Di weiß nicht so recht, wie er mit diesem arroganten Guru umgehen soll und wandert irritiert und nachdenklich nach Hause.

Die chinesische Zen-Schule dachte sich ein Spiel aus, das die Meister mit ihren dummen Schülern spielten. Der Meister präsentiert ein scheinbar unverständliches Rätsel, indem er dramatisch einen Ausspruch rezitiert (den er sich gewöhnlich nicht selbst ausgedacht hat). Dann schlägt er den unwissenden Schüler und ruft: »Was bedeutet das,

Schafskopf? Was bedeutet das, Esel?« Der Schüler hat dann ein paar demütigende Wochen vor sich und muß sich wegen seiner Langsamkeit verhöhnen lassen, bis er ein anderes Zitat findet (Originalität wird wiederum nicht geschätzt), das jenes übertrumpft, das ihm sein Meister an den Kopf geworfen hat.

Ich habe einige Zeit damit verbracht, Bücher östlicher Weisheit durchzublättern, um eine passende Erwiderung auf Meister Kranichtrachts dualistische Äußerung zu finden, bis ich begriff, daß ich auch im westlichen Schrifttum nach einer Antwort suchen konnte. Mr. Natural, nach der Darstellung seines ersten Schülers, R. Crumb, wurde von seinem anderen Schüler, Flakey Foont, nach dem Zweck der Dinge gefragt und bekam von seinem Guru gesagt: »Alles Scheiße ...«

Di jedoch, in den vom Zen-Planeten Uranus inspirierten mystischen Lehren noch nicht bewandert, weiß nicht genug, um mit Bodhisattwa Manjusris Schwert des vollkommenen Einsseins die Dualität entzwei zu schlagen. Er glaubt noch an das Entweder-Oder und überlegt traurig, daß er wie ein Wurm seinen Kopf in den Schlamm bohren und es edleren Gestalten wie Kranichtracht überlassen muß, sich für den wunderbar leeren Himmel zu entscheiden. Als van Gulik das schrieb, muß er über seine eigene, sich ewig gleichbleibende Routine deprimiert gewesen sein. Der Mitarbeiter, den ich schon früher zitierte, sagte, daß van Gulik gelegentlich seufzte und bedauernd feststellte, daß er dem ›Tanz der Säbeltiger‹, der seine karmische Bestimmung zu sein scheine, nicht wirklich entkommen sei.

Herr Kranichtracht und Richter Di

Als letztes Argument für van Guliks subtile Einsichten verweise ich auf den verwahrlosten Zen-Mönch Lu, der eine Gaststar-Rolle in *Poets and Murder* (dt.: *Poeten und Mörder*) spielt. Lu, ein ›Sakristan‹, der aber nie verrät, für welchen Schrein in welchem Tempel er zuständig ist, ist ein Meister der Kalligraphie und wird wegen seiner klugen Aussprüche geschätzt, die er mit einem Besen auf große Blätter schmiert. Der Mann verhält sich beinahe gewollt schroff, ist häßlich anzusehen, behandelt jeden wie einen Untergebenen und ist die Gleichgültigkeit in Person, denn er hat wenig zu verlieren. Während eines Banketts pinselt Lu auf Verlangen des Hofdichters mit kühnem Schwung ein Gedicht aufs Papier:

»Wir alle kehren dahin zurück, wo wir herkamen:
Wo die Flamme der gelöschten Kerze erstarb.«

Der Hofdichter fragt: »Möchten Sie die Bedeutung erklären?«

»Nein«, antwortet Lu grob.

Auch hier wird wieder die für Zen typische Meister/Schüler-Konfrontation angedeutet. Die übliche Situation ist die folgende:

Der Meister deutet auf eine brennende Kerze, hebt sie hoch und bläst sie aus.
Das Zimmer ist jetzt plötzlich dunkel.
Die Stimme des Meisters (dramatisch in der völligen Schwärze): »Wohin ist das Licht verschwunden?«
Schüler: »Was?«

Berater Kao besucht Mönch Lu

Vom Schüler wird verlangt, daß er schließlich die richtige Antwort findet, und die ist: er bringt ein Streichholz, nimmt die Kerze und zündet sie an. Seine Handlung bedeutet, daß ihm der philosophische Aspekt der ausgeblasenen Kerze gleichgültig ist, er aber erkennt, daß er die Macht hat, Licht in die Dunkelheit zu bringen, also tut er's. Lu geht einen Schritt weiter, indem er andeutet, daß wir alle zum Ursprung, in die Leere, zurückkehren. Das ist eine ziemlich tiefe Weisheit.

An einer anderen Stelle des Romans versucht Richter Di von Lu Anhaltspunkte in einem Mordfall zu erhalten. Der Richter ist ganz erregt und Lu grinst, bewegt seinen fettleibigen Körper und glotzt Di mit seinen ›hervortretenden starren Augen‹ an.

»Erwarten Sie keine Hilfe von mir, Richter. Ich halte die menschliche Rechtsprechung für nutzloses Stückwerk, und ich werde keinen Finger krümmen, um einen Mörder zu fangen! Mörder fangen sich selbst. Laufen in Kreisen herum, die noch enger sind als die von anderen. Entkommen nie!«

Richter Di (der bürgerliche Teil von van Guliks eigenem Charakter und dem seiner Leser) ist durch das ungehobelte Verhalten des Mönchs irritiert. Verständlicherweise, denn ein Bezirksvorsteher kann nicht mit nebelhaften Theorien arbeiten. Di anerkennt klare Regeln, wie sie die Religion und der Staat vorgeben, und folgt der wohldefinierten konfuzianischen Ethik und Moral. Das Leben ist gut. Der Kaiser ist unser heiliger Vater. Ordnung muß sein. Gerechtigkeit wird herrschen. Moralisches Verhalten, Fleiß und richtiges Pflichtempfinden sind notwendig;

erweise dich ehrerbietig gegenüber Eltern, Lehrern und Arbeitgebern, und alles wird gut. Dis ordnende Hand ist liebevoll, aber streng. Und da kommt dieser fette, übelriechende Bursche mit der Augenkrankheit, dieser verwahrloste Zen-Mönch Lu daher und erzählt uns, daß wir die menschliche Gerechtigkeit vergessen können? Die heiligen Männer in van Guliks Büchern machen kurzen Prozeß mit dem Teufelskreis unserer glücklichen Routine, aber es sind famose Kerle. Wie van Gulik selbst, dem es Vergnügen bereitete, gewissenhaft seine Forschungen zu betreiben, und der sich nie auf irgendeinen bestimmten Glauben festlegte. Doch die ›numinosen‹ religiösen Aspekte, die Blofeld erwähnt, waren ihm zweifellos vertraut, und er machte gewiß guten Gebrauch davon.

6

Schriftsteller neigen dazu, einen Teil ihrer gewöhnlich verborgenen Gedankenwelt zu offenbaren, während die Schreibmaschine summt und klappert, und so mag es sein, daß auch der Wissenschaftler und Diplomat van Gulik sich ein wenig in seinen Werken verrät. Bereits in *The Chinese Maze Murders* (1952; dt.: *Mord im Labyrinth*) gab es einige erotische Szenen, in *The Chinese Bell Murders* (1958; dt.: *Wunder in Pu-yang?*) treten sie jedoch stärker in den Vordergrund. Van Gulik entschuldigt sich dafür in einer Notiz, die ich in einem der blauen Kartons der Boston University fand.

»Ich mußte viel weibliche Fan-Post beantworten (schreibt van Gulik), und die Damen fragten immer, ob Di nicht ein bißchen ›wärmer‹ gezeichnet werden könnte. Schließlich war er ein recht ansehnlicher Bursche: breitschultrig, mit wallendem Vollbart usw. – und obwohl er drei Frauen zu Hause hatte, war er doch ziemlich viel unterwegs, deshalb... nun, ich würde sagen, ich habe mein Bestes getan.«

In der mehrere tausend Seiten umfassenden Richter-Di-Saga stößt man auf die eine oder andere verführerische Szene. Richter Di wandert durch ein Vergnügungsviertel und stellt Nachforschungen wegen eines abscheulichen Mordes an, den er aufklären muß. Eine Prostituierte läßt

Richter Di bei einer Prostituierten

ihn wissen, daß sie über Informationen verfügt, die ihre Sicherheit bedrohen könnten. Um die attraktive junge Dame nicht zu gefährden, beschließt Di, sie wie einer ihrer Kunden zu besuchen. Sie zieht sich aus und läßt sich in einladender Pose auf ihrem Bett nieder. Der Richter liegt einfach nur da, sowohl körperlich als auch geistig entspannt. Dann gibt es ein anderes Buch, mit einem anderen Mädchen und demselben Di. Wieder ist er damit beschäftigt, Beweismaterial zu sammeln, und die junge Dame nimmt ihn auf eine Bootsfahrt mit. Das Mädchen plappert ununterbrochen und gibt belastende Informationen preis, Di ist ganz erledigt – es ist ein heißer Tag. Das Mädchen möchte sich abkühlen und zieht sich zum Schwimmen aus. Sie dreht ihm den Rücken zu, die Hände aus irgendeinem Grund hinter dem Nacken verschränkt. Di befindet sich am Ufer, seine Stiefel sind zufällig schmutzig, und es bedarf seiner ganzen Energie und Aufmerksamkeit, sie zu säubern. Di – und mit ihm van Gulik, der Di *ist* (wie er uns gesagt hat) – unterdrückt seine niederen Lüste. Das höhere Selbst bleibt rein.

Ein chinesischer Bezirksrichter, so lesen wir in einem der vielen erläuternden Vorworte van Guliks, war ein ständig überarbeiteter Beamter. Er verkörperte die höchste Autorität in dem ihm von der Krone zugewiesenen Gebiet, doch einen großen Teil seiner Macht delegierte er an niedrigere Ränge. Die lokalen Polizisten, deren eigenes Interesse sich eng mit dem der Bevölkerung verband, waren nicht besonders zuverlässig, weshalb der Bezirksrichter eigene Assistenten einstellte, die ihn auch bei allen Versetzungen begleiteten.

Richter Di säubert seine Stiefel mit unnötigem Nachdruck

Die Assistenten waren die Arme und Beine eines Bezirksrichters, Teil seines Gehirns, Teil sogar seiner Seele. Di, ein außergewöhnlicher Mann, wäre natürlich nie mit gewöhnlichen Gehilfen zufrieden gewesen. Er verdiente die allerbesten, und als ihm Ma Jung und Tschiao Tai über den Weg liefen, erkannte er, daß sie prächtige Burschen waren. Jung, ein ehemaliger Soldat, und Tai, ein ehemaliger Offizier, waren beide aus der Armee desertiert, um sich von korrupten Vorgesetzten zu befreien. Sie wurden ›Brüder der grünen Wälder‹, Wegelagerer, die die Reichen beraubten und den Armen halfen, und hielten Di fälschlicherweise für einen weiteren laxen und faulen Beamten, dem man das einer leidenden Bevölkerung abgepreßte Geld aus den Taschen schütteln konnte. Beide Männer waren geschickte Schwertkämpfer, aber nicht so geschickt wie Di. Sie erkannten seine überlegene Fechtkunst an, schlossen, daß nur ein guter Mann so hervorragend fechten könne, ergaben sich und baten, in seine Dienste treten zu dürfen.

Van Gulik bereitete es großes Vergnügen, die Abenteuer von Dis Gehilfen zu beschreiben. Zwischen unseren Phantasieprodukten und unseren bewußten und unbewußten Wünschen besteht eine enge Verbindung. Dis Gehilfen waren die mehr materiellen Bestandteile von van Guliks Lieblingshelden.

Di muß seine Gelüste zügeln, denn der Autor durfte nicht damit rechnen, daß seine Leser es für glaubwürdig hielten, wenn ein unbestechlicher hoher Beamter von Dis geistigem Format sich auf Techtelmechtel und Liebeshändel einließ. Doch seine Assistenten haben mehr Spielraum und machen ausgiebig Gebrauch davon, Seite um Seite. Innerhalb der Grenzen der Schicklichkeit natürlich, der Grenzen damaliger chinesischer Schicklichkeit. Die Assistenten sind Spitzenpolizisten, aber sie mißbrauchen ihre Macht nicht. Ma Jung umarmt gern Dienstmädchen, Liebesdienerinnen und hier und da eine Künstlerin, und das erotische Beisammensein wird mit einiger Ausführlichkeit geschildert, wiederum innerhalb der Grenzen der Schicklichkeit. Ma Jung ist ein fideler Bursche; Tais *yin*, das mit seinem *yang* harmoniert, folgt einem subtileren Muster als Jungs.

Jung ist extrovertiert, Tai sehr introvertiert. Jung steuert auf ein doppeltes Happy End zu; gegen Schluß der Serie erwarten ihn Zwillinge: zwei nette Mädchen, gutgebaut, gute Köchinnen, gefügige Liebhaberinnen, aber keine Intellektuellen. Sie schaffen ihm ein hübsches Heim.

Jung ist immer ein bißchen komisch; Tai tragisch. Auch Tais Ende ist tragisch – er stirbt, während er Di gegen einen höchst tückischen Bösewicht verteidigt. Jung hat lustvolle und spaßige Abenteuer, Tais Liebesleben ist vielleicht ein wenig pervertiert. Tai ist ein gutaussehender harter Bursche, und die Damen sind hingerissen von seinem muskulösen, gebräunten Körper, den großen ruhigen Augen, dem athletischen Gang, seiner zuvorkommenden Art und seinen guten Manieren. Aber will er wirklich geliebt werden? Tai muß aus van Guliks ruhigen Stimmungen geboren worden sein, denen er sich hingab, wenn er schweigend durch die malerischen Gassen der Innenstädte wanderte, wenn er sich in sein Studierzimmer zurückzog oder wenn er in einer verborgenen Ecke des Botschaftsgartens saß und mit einem ebenso in sich gekehrten Gibbon Händchen hielt. Gemeinsam lauschten sie dem Wind in den Pinien.

Es gibt ein Gedicht über den kühlen Abendwind an einem heißen Sommertag. *Hama no matsukaze*, das van Gulik ins Englische übersetzt hat:

›Wird sie kommen? Wird sie kommen?‹ dachte ich
Am Strand entlangwandernd –
Aber da war nur das Flüstern des Windes
In den Pinien.

Was ist es eigentlich, wonach wir Männer uns letztlich sehnen? Die vollkommene Geliebte, die uns die göttliche Antwort gibt; und daß sich, während sie uns umarmt, der Schleier der Unwissenheit teilen möge, damit wir zusammen Engel werden können. Tai muß nach *ihr* gesucht haben, und wahrscheinlich fand er sie, während er starb, und erlebte die endgültige Befreiung, als er in seinem letzten Kampf Dis berühmtes Schwert führte.

Einer meiner Polizistenfreunde – ein Fan von Richter Di – erzählte mir, er habe van Gulik im Verdacht, daß dieser eine sehr heftige und aufwühlende Liebesaffäre mit Zwillingsschwestern oder jedenfalls mit sehr ähnlich aussehenden Schwestern hatte. Jung bekommt seine Zwillinge, aber Tai – und das war es, was meinen Freund aufhorchen ließ –, Tai, van Guliks andere geheime Projektionsfigur, gerät *ebenfalls* in Verwicklungen mit Zwillingen.

In *Murder in Canton* (dt.: *Mord in Kanton*) begegnet

Ma Jung hat eine nächtliche Begegnung

Tai den lieblichen, geistreichen, herrlich artistischen und theoretisch versierten halb chinesischen, halb persischen Zwillingsschwestern Dunyazad und Dananir. Sie sind (erstaunliche) Sprachkünstlerinnen und sprechen zwei chinesische Dialekte sowie Persisch und Arabisch. Sie tun alles, was in ihrer zarten Macht steht, um Tai zu verführen, und machen auch einige Fortschritte, aber Tai, der Träumer in einer anderen Realität, findet ihre doppelten Reize denn doch etwas zu aufdringlich und zieht sich elegant aus der Affäre.

»Hör zu«, sagte mein Freund von der Mordkommission, »*ein* Paar Phantasiezwillinge kann ich ja noch akzeptieren, selbst mir ist einmal ein solches Doppelvergnügen über den Weg gelaufen, aber es ist keine große Sache draus geworden, ich habe sie nicht geheiratet, um Gottes willen. Jung hat es getan, oder? Und Jung verkörpert die rauhe Seite, richtig? Aber Tai, Tai interessiert mich, Tai ist der ruhige Bursche, und der bessere, wenn du mich fragst. Er ist der Mensch, der seinen Chef, seinen Eigentümer verteidigt, *er selbst* – kannst du mir folgen? – rettet das Leben des Richters und verliert dabei sein eigenes. *Und Tai soll sich beinahe auch für Zwillinge begeistern?* Neenee. Da müssen irgendwo ein paar richtige Zwillinge sein.«

Vielleicht gab es sie. Sie wären inzwischen alte Damen. Van Gulik wäre heute sechsundsiebzig. Es ist alles lange her, eine zärtliche Erinnerung, verborgen unter anderen Erinnerungen, die sich mit jener vermischten und zusammen fruchtbare Erde wurden, wie der Waldboden, der aus Millionen Blättern besteht. Das sagte ich zu meinem Polizistenfreund. »Ja«, erwiderte er nachdenklich, »Zwillinge,

Tschiao Tai unterhält sich mit Kapitän Ni
und lernt die Zwillinge kennen

Mann. Doch er hätte sie nicht beide heiraten können. Unser Gesetz gestattet das nicht. Aber in China?«

So weit die erfreuliche Seite der Liebe – van Gulik behandelt auch die unerfreuliche. Viele der Bösewichte, die von Di zur Strecke gebracht werden, sind sexuell deformiert, und manche der Verbrechen, die er untersucht, sind durch einen abartigen Sexualtrieb verursacht. Die Kriminalliteratur schöpft oft aus diesem Sumpf der Perversion, aber in van Guliks Romanen können wir glauben, was er uns erzählt. Jeder Fall, den er verwendet, hat sich in China wirklich einmal ereignet und ist erschöpfend erforscht und korrekt analysiert worden. Er erwähnt die Haupthandlung von *The Haunted Monastery* (dt.: *Nächtlicher Spuk im Mönchskloster*) in einem Zeitschriftenbeitrag (*De Boekenkorf*, Juni 1961):

»Es ist wohl einleuchtend, daß ich vieles von dem, was ich während all meiner Jahre im Orient erlebt habe, in meinen Romanen verwenden kann. Das Photo (wir sehen einen älteren Chinesen, der ein weites Gewand und einen Seidenhut trägt und mit nachdenklichen Augen in einem langen schmalen Gesicht ruhig in die Kamera blickt) *zeigt einen ranghohen Mönch, dem ich 1946 in Peking begegnete, nachdem ich aus Tschungking, wo ich während der Kriegszeit stationiert war, abgezogen wurde. Ich befand mich in dem großen und berühmten Taoistenkloster ›Die weißen Wolken‹ in Po-yün. Die Aufnahme wurde in einem der vielen hundert Pavillons, aus denen der riesige Tempel besteht, gemacht. Man sieht den Abt An Shih-lin. Der Mann war mir eigentlich immer sympathisch gewesen, aber dann erfuhr ich, daß er die Angewohnheit hatte,*

Tao Gan als Gaukler unter Mönchen

junge Mädchen, die ihm zu ihrem Unglück über den Weg liefen, zu mißbrauchen. Und später wurde er von orthodoxen Mönchen bei lebendigem Leibe verbrannt. Zu der Zeit befand sich die kommunistische Armee im Vormarsch auf Peking, und die allgemeine Verwirrung verhinderte eine richtige Untersuchung. Ich habe jedoch über die Sache nachgedacht und die Fakten meinem Roman zugrundegelegt.«

Ich fand das Buch beunruhigend, vor allem, als mir klar wurde, daß die psychischen und körperlichen Folterungen wirklich stattgefunden hatten und daß van Gulik bestens qualifiziert war, die Schattenseite des chinesischen Geistes zu beschreiben. Für van Gulik war es wahrscheinlich sogar leichter als für einen Chinesen, diese abscheulichen und faszinierenden Szenen darzustellen, denn als Ausländer konnte er mit klarerem Blick, und ohne sich allzusehr persönlich betroffen zu fühlen, beobachten.

Die University of Chicago veröffentlichte die vier Hauptromane der Richter-Di-Serie *(The Chinese Lake, Bell, Nail and Gold Murders)* als Teil ihres Chinaprogramms. Auch *Sexual Life in Ancient China* befindet sich nach wie vor in Druck (Brill, Leiden). Literatur und die verschiedenen Zweige der Psychologie sind komplementäre Disziplinen, und van Gulik verwendete wahrscheinlich mehr Zeit und Anstrengung auf das Studium des chinesischen Sexualverhaltens als irgendein anderer westlicher Sinologe. Er veröffentlichte privat ein dreibändiges Werk mit dem Titel *Erotic Color Prints of the Ming, With an Essay of Chinese Sex Life from the Han to the Ming* mit einer Auflage von nur fünfzig Exemplaren, die er an Kollegen in der ganzen Welt verschenkte. Ich fand eines in der Columbia University und brachte viele vergnügliche Stunden damit zu, den peinlich genauen Text in van Guliks präziser und klarer Handschrift zu lesen. Der dritte Band, ein Reprint der Bildermappe Hua-ying-chin-chen (1951), ist insofern von besonderem Wert, als über chinesische Erotikdrucke relativ wenig bekannt ist, während dem japanischen Stil erotischer Kunst, der von jenen inspiriert wurde, viel Aufmerksamkeit geschenkt worden ist. Bis zum Beginn dieses Jahrhunderts erhielten japanische Bräute Bilderbücher mit den ›vielfarbigen Positionen der Blumenschlacht‹, die ihnen helfen sollten, eine schönere Zeit mit ihren Ehepartnern zu verbringen. Als diese Bücher außer Gebrauch kamen, wurden sie als pornographische Literatur betrachtet und als solche von Kennern gesammelt. Van Gulik weist darauf hin, daß dies eine ziemlich irrige Vorstellung ist. Die chinesischen Drucke, die ihm als Zufallsfunde in die Hände gerieten (oder besser die Druckblöcke, von denen er seine eigenen Bilder herstellte), sind aus verschiedenen anderen, recht harmlosen Gründen von größtem Interesse, versichert er uns. Erstens gehören sie zu den schönsten Exemplaren chinesischen Farbdrucks, einer Kunstform mit einer kurzen Geschichte, denn schüchterne Anfänge, Blüte und Verfall liegen zwischen 1570 und 1640; in dieser Zeit dringt der Farbdruck vom rauheren Norden Pekings in die mildere und auch mentalitätsmäßig viel wärmere ›unbedeutendere Hauptstadt‹ Nanking vor. Zweitens können wir dem Autor zufolge nur auf diesen Zeichnungen sehen, daß die chinesischen Künstler tatsächlich wußten (es ist oft angenommen worden, die chinesische Kunst habe Nacktdarstellungen gänzlich vermieden), wie sie vollständig entkleidete menschliche Gestalten zu zeichnen hatten. Und drittens, meint der Autor, liefern die Drucke wertvolle soziologische Hinweise. Beim Studium der Bilder erhalten wir Aufschluß über intime Kleidungsstücke »wie Unterwäsche, Socken, Beinkleider usw.«, die normalerweise nicht in chinesischen Bildern gezeigt werden. Ferner enthalten die Möbel auf den Zeichnungen Informationen über die Innenausstattung vergangener Zeiten. Und nicht zuletzt, sagt uns van Gulik, sind die verschiedenen Liebes- und Lustpositionen auch von medizinischem Interesse.

Als sein begeisterter Verehrer will ich ihm glauben.

Die Texte, die diese Art von alter Kunst begleiten, mögen den heutigen Leser amüsieren. Wir sehen und hören, wie das erfahrene Haupt der Familie, zusammen mit seinen Frauen, weiblichen Bediensteten und Sklavenmädchen eine Neuerwerbung in seiner Sammlung begrüßt. Der Titel des Bildes und des Gedichts lautet »Ein Küken schießen« und schildert die erste sexuelle Begegnung zwischen dem Schwerenöter vom Amt und einem jungfräulichen Mädchen. Ha! Verzeihung. Das ist nicht pornographisch, sondern erzieherisch, für junge künftige Ehefrauen gedacht. Also gut. Es wird ihnen, so das Gedicht, »schwerfallen, sich zu beherrschen, wenn die reinen Sekrete in ihrem Jadebrunnen aufquellen« und der Ehemann, dessen »Leidenschaft keine Gnade kennt, dessen erigiertes Glied ihm den Gürtel spannt«, wird mit den »Alten Unsterblichen« verglichen (die unsterblich waren und sind, immer zum Vögeln bereit, wie wir in alten chinesischen Legenden lesen). Der Schluß klingt etwas unheimlich. »Blut«, seufzt das Gedicht mitfühlend, »wird fließen«.

Schön, in Ordnung, alles sehr erzieherisch, aber was soll man von buddhistischen Mönchen halten, die Gemeindemitglieder in ihren privaten Räumen besuchen und, nun, wirklich ... Buddhistische Mönche hatten im alten China immer einen besonderen Ruf; sie waren dafür berüchtigt, die Hurerei der Meditation vorzuziehen und keine Steuern für die enormen Reichtümer zu zahlen, die sie sich von einer abergläubischen Bevölkerung erschwindelt hatten. Der Mönch, so hören wir in dem dazugehörigen Gedicht, ist wie »die umherschwirrende Biene aufs Saugen erpicht«, und er hat Glück, denn »das Herz der Pfingstrose ist gerade dabei, sich zu öffnen«.

Der Text enthält auch nicht-illustrierte Poesie, die die Einstellung junger Schönheiten beschreibt und schildert, wie sie, bereit und willig, ihrem zukünftigen Ehemann in seine Wohnung zu folgen, »über die gute Gelegenheit« jubeln (diesen reichen Burschen aus der Oberschicht zu bekommen), »wie sie die erste Vereinigung herbeisehnen«, »sich wünschen, ihm eine Bettmatte zu sein« und »ihn wie eine Decke vor Zug und Kälte zu schützen«. Wie sie auf dem Bett sitzen und gewissenhaft das »Rollbild neben ihrem Kissen« studieren und ihre Kleider ausziehen, bevor sie »all die aufregenden Stellungen praktizieren«. Aber man fragt sich, ob ihre Mütter ihnen auch das Bild mit dem Mönch (Biene) gezeigt haben, der die hingebungsvolle Dame (Pfingstrose) bearbeitet. Schließlich war die Untreue der Frau (ein Mann durfte Ehebruch begehen, denn er war frei zu tun, was ihm beliebte) ein schwerwiegendes Verbrechen.

China, heute ein prüdes Land, obwohl inzwischen wieder eine Lockerung eingetreten ist, war in seinen sexuellen Bräuchen einmal frei und glücklich, bis nach der Tang-Dynastie (Richter Dis Periode) Engstirnigkeit aufkam. Van Gulik wirft den Neuuntersuchungen alter konfuzianischer Klassiker vor, veraltete Tabus der Geschlechtertrennung mißinterpretiert zu haben. Dadurch fiel eine Art kalvinistischer Schatten auf das 10. Jahrhundert. Fortschrittliche Ideen gewannen wieder die Oberhand, besonders während des 15. und 16. Jahrhunderts, und wurden unter der Herrschaft der Mandschus erneut erstickt – aber überraschenderweise nicht auf Betreiben der Mandschu-Eroberer, sondern infolge der stark restriktiven Haltung, die die Chinesen selbst erfolgreich den ausländischen Herrschern aufzwangen.

Van Gulik vertritt in der ganzen Abhandlung die Meinung, daß sich hinter dem prüden chinesischen Verhalten im 19. und sogar 20. Jahrhundert nicht, wie manche westlichen Beobachter behauptet haben, »ein Sumpf höchster Lasterhaftigkeit« verbarg. Der Autor bewundert im Gegenteil die glückliche Aktivität, die sich im Privaten vollzog, obgleich er einräumt, daß es auch Perversitäten gab, vor allem in korrupten Taoistenkreisen, wo mit Hilfe einer verdorbenen Magie ein grausamer sexueller Vampirismus an weiblichen Sklaven praktiziert wurde, um das ›Elixier der Langlebigkeit‹ zu gewinnen. Es gab in der chinesischen Gesellschaft keinen Hinweis zum Beispiel auf Flagellation, die im Westen populär wurde, und Sadomasochismus war nie geschätzt. Das ist erstaunlich, erfahren wir, wenn man bedenkt, daß die chinesischen Oberschicht-Männer gewöhnlich über Frauen, Mätressen und über attraktive Bedienstete aus den niederen Klassen herrschten, wobei ihnen letztere regelrecht gehörten. Der Schluß, den van Gulik mit Nachdruck aus einer Reihe von Argumenten zieht, ist der, daß die Chinesen nie Grund hatten, sich ihres Sexuallebens zu schämen.

Und natürlich taten sie es auch nicht. Es existierte eine gewisse Feinfühligkeit, zum Beispiel niemals weibliche nackte (gebundene) Füße zu zeigen, denn die Entstellungen, die vornehme chinesische Damen erleiden mußten, um eine bestimmte reizvolle Art des Gehens zu entwikkeln, ließ ihre nackten Füße ziemlich grausig aussehen. Feinfühligkeit, nicht Schamgefühl.

Und auch van Gulik selbst sollte sich seines brennenden Interesses für diese Dinge nicht schämen. Für den Reinen ist alles rein, und er zitiert die *Bhagawadgita* (gleich auf der ersten Seite der Bildermappe):

> Der Herr sprach:
> Wer Mich in allen Dingen sieht und alle Dinge in Mir
> Der wird Mich nie verlieren
> Noch werde Ich ihn jemals verlieren.

Das Etikett des ›literarischen Pornographen‹, das van Gulik in den fünfziger Jahren – einer immer noch prüden Zeit in Westeuropa – auf den Rücken geklebt wurde, hat ihn maßlos geärgert. Ich stieß zufällig auf einen schwedischen Professor, der an der Columbia University Chinesisch unterrichtete und der van Gulik ein einziges Mal begegnet war. Die beiden Wissenschaftler hatten sich verabredet, ein paar Tage gemeinsam irgendwelche obskuren Schriften zu studieren, aber beide Flugzeuge hatten Verspätung, so daß die Begegnung nur wenige Minuten dauerte. Van Gulik fand immerhin Zeit, eine bedeutsame Äußerung zu tun. »Professor«, sagte er feierlich, »ich bin ein glühender Bewunderer reiner Erotik.«

Er war auch an anderen Dingen interessiert, denn Sex ist nicht die einzige Motivation unseres geschäftigen Treibens hier auf dieser Erde. Wer sich mit einer anderen Zivilisation auseinandersetzt, dem wird sogleich das Phänomen der Strafgesetze auffallen. Van Guliks Studien in dieser Hinsicht gipfelten in seiner Übertragung und Erörterung eines Handbuchs für Bezirksrichter aus dem 13. Jahrhundert, dem *T'ang-yin-pi-shih*, das er als *Parallel Cases from under the Pear-Tree* ins Englische übersetzte.

7

Van Guliks Lungenleiden wurde 1967 erneut als komplexes Symptom einer ernsten Krankheit diagnostiziert, und er nahm die Warnungen schließlich ernst und flog nach Den Haag, um eine zweite Meinung zu hören und sich gegebenenfalls behandeln zu lassen. Er muß da schon gespürt haben, daß es mit ihm zu Ende ging, denn er machte sich die Mühe, umfangreiche Notizen zu diktieren, die auf Matrize geschrieben wurden und eine dreißig Seiten starke Druckschrift ergaben. Darin erklärt er den Ursprung der Di-Bücher, formuliert aber auch einige kreative Gedanken:

»Ich bin froh«, schreibt van Gulik, »daß mein englischer Verleger Heinemann mich bat, die Serie fortzusetzen, denn es ist mir klargeworden, daß diese literarische Tätigkeit in den vergangenen fünfzehn Jahren zu einem wichtigen Bestandteil meiner Arbeit geworden ist. Sie ist in gewisser Weise von gleicher Bedeutung für mich gewesen wie meine wissenschaftliche Forschung. Die sinologische Arbeit ermöglichte mir die Fortsetzung meiner diplomatischen Karriere, denn in der Diplomatie beschäftigt man sich immer mit sehr vergänglichen Dingen; die wissenschaftliche Forschung bietet eine reizvolle Alternative, ja sogar eine Fluchtmöglichkeit, denn in der Wissenschaft hat alles, was wir tun, einen bleibenden Wert, selbst die

Fehler, die wir machen, da sie andere in die Lage versetzen, bessere Arbeit zu leisten. Doch bleibt man in der Wissenschaft, besonders wenn man sie ernst nimmt, ein Sklave der Fakten, und jegliches Phantasieren muß streng vermieden werden. Beim Verfassen von Romanen kann ein Autor sich seine eigenen Tatsachen schaffen und seiner Phantasie freien Lauf lassen, soviel er mag. Deshalb ist das Schreiben meiner ›Thriller‹ zu einem außerordentlich wichtigen dritten Aspekt meiner Arbeit geworden, zu einer Entspannungsmöglichkeit, die mein Interesse an den diplomatischen und wissenschaftlichen Aktivitäten wachhält.«

Was sagt er hier also? Daß er aus Verantwortung gegenüber seiner Familie Diplomat sein muß? Und daß ihm die diplomatischen Cocktailparties auf die Nerven gehen? Daß er, um der Banalität seines Berufs zu entrinnen, sich gern in die wissenschaftliche Forschung zurückzieht? Daß er, wenn es ihn langweilt, trockene Fakten auf sprödes Papier zu kratzen, beim Schreiben von Romanen Zuflucht sucht? Nur in seinen Romanen als Richter Di verkleidet ist er frei? Frei wovon? Frei vom lästigen Ich?

Das trifft vielleicht nicht ganz zu. Jeder aufrichtige Romanautor wird widerstrebend zugeben, daß er der Sklave seiner eigenen Schöpfung ist, der Figuren, die er selbst ins Leben gerufen hat. Van Gulik war immer noch den Beschränkungen unterworfen, die Richter Dis strenge Moral und Hochmut ihm auferlegten und die als gepanzertes und selbstgewähltes Korsett dazu dienten, ein Selbst zu verteidigen. Und sehr wahrscheinlich wurde sogar ein guter, aufrechter Di zu einem Dämon, der seinen

Autor weitertrieb. Also floh van Gulik erneut. Er projiziert sich nun als entrückter Grübler, als Buddhist, der sich der konfuzianischen Disziplin bedient, um nach dem Tao zu streben und seine innere Freiheit zu verwirklichen. Und da sind die Zeichnungen des einsamen Geistes, der von seiner Klause an den Hängen des Berges Hiei den unbewegt daliegenden Biwa-See betrachtet.

»Nichts als Leere«, sagt Meister Kalebasse.

»Wie ein Drache zum Himmel emporsteigen«, sagt Meister Kranichtracht.

»Dahin zurückkehren, wo die Flamme der gelöschten Kerze erstarb«, rät Zen-Vagabund Lu.

Der Rat scheint auf die höchste religiöse Erfahrung hinzuweisen, bei der wir unsere Seele aufgeben und alles, was wir mit ihr sind, aber van Gulik schrieb weiter. Auch die Meister Kalebasse und Kranichtracht waren noch damit beschäftigt, ihrer Heiligenroutine zu folgen, weil das Relative, Samsara, nur die andere Seite des Absoluten, Nirwana, ist. Sie handeln weise, diese insgeheim von Di bewunderten freien Geister, doch sie sitzen fest, solange sie leben. Kalebasse reist endlos auf seinem kleinen müden Esel umher. Kranichtracht züchtet immer neue Orchideenernten, um seinen ländlichen Palast zu schmücken, und Lu muß weiße Bögen mit den schwarzen Klecksen seines Ego-Pinsels füllen. Nichtsdestotrotz weise Männer allesamt, die van Gulik lehrten, und schließlich uns. Weise Männer in höchstem Grade, Meister, Adepten, erleuchtete Geschöpfe, die ihre menschliche Natur als Maske tragen. Schwer zu begreifen, diese überlegenen Wesen.

Van Guliks Werk umfaßt auch ein Buch über weise

棠 陰 比 事

T'ANG-YIN-PI-SHIH

"PARALLEL CASES FROM UNDER THE PEAR-TREE"

A 13TH CENTURY MANUAL OF
JURISPRUDENCE AND DETECTION

TRANSLATED FROM THE ORIGINAL CHINESE
WITH AN INTRODUCTION AND NOTES

BY

R. H. VAN GULIK, LITT. D.

(高 羅 佩)

LEIDEN
E. J. BRILL
1956

Männer einer niedrigeren Kategorie, einer Ebene des Lebens, auf der die Logik noch Anwendung findet. Diesen neuen Lehrertypus stellt er in *Parallel Cases from under the Pear-Tree*, einem Handbuch für Rechtsprechung und Verbrechensaufklärung, vor. Jene Anthologie berühmter antiker chinesischer Rechtsfälle wurde von dem Verteidiger Kuei Wan-jung im Jahre 1211 herausgegeben. Kueis exemplarische Männer sind alles altehrwürdige Bezirksrichter, die sich, laut Vorwort, nichts sehnlicher wünschen, als »Böses zu rächen, die Wahrheit zu erkennen, indem sie Lügengewebe zerreißen, Dämonen aus ihren dunklen Verliesen hervorzulocken, Kriminelle vor den Richter zu bringen, Leben und Tod durch das Fühlen des Pulses festzustellen, und den Spiegel der Unparteilichkeit zu polieren, damit er sowohl die Schönheit als auch die Häßlichkeit in gebührender Weise reflektiere.«

Die meisten Leser werden an diesen Idealisierungen nichts auszusetzen haben, doch merken sie vielleicht auf, wenn Kuei vom ›idealen Staat‹ spricht. Wir befinden uns wieder im Reich der reinen Spiritualität, denn nach taoistischen Begriffen herrscht der ideale Herrscher nicht. »Auf seinem nach Süden ausgerichteten Thron, in Meditation versunken, ist er die Verbindung zwischen Himmel und Erde, stellt er Frieden und Ordnung allein durch die Ausstrahlung seiner Tugendhaftigkeit sicher.«

Also keine Probleme? Damals wie heute jedoch – hilft van Gulik Kuei erklären – waren weise Männer knapp und Könige Dummköpfe. Ihre Gesetze und die Instrumente zu ihrer Durchsetzung waren »Dinge, die vor

Vulgarität stanken«, und von gebildeten und vornehmen Beamten ignoriert werden sollten.

Daß sie nicht weise waren, bestätigt die Notwendigkeit dieser vulgären Gesetze, selbst wenn es sich nur um mangelhafte Widerspiegelungen des Wahren Gesetzes handelte, »das niemals enthüllt werden sollte, da es in der tiefen Stille wahrer Einsicht eines jeden Menschen lebt«.

Genug der ›sollte‹, ›wäre‹ und ›hätte‹, denn es geht hier um die Realität auf unserer eigenen niedrigen Ebene, und *Parallel Cases* ist eine brillante Sammlung von hundertvierundvierzig so geschickt gelösten Kriminalfällen, daß sie uns noch heute als Anleitung dienen können.

Auch van Gulik selbst hat einige von ihnen benutzt. Jeder begeisterte Leser der Di-Saga wird sich erinnern, daß der Richter in *The Chinese Nail Murders* (dt.: *Nagelprobe in Pei-tscho*) eine Leiche findet, ohne die Todesursache feststellen zu können. Di, selbst nicht ganz unbewandert in der Medizin, ruft den Leichenbeschauer, einen erfahrenen ›Pathologen‹, kann aber nicht herausfinden, was den Mann umgebracht hat.

Um die Dinge zu komplizieren, verliebt sich (der bereits mit drei Frauen verheiratete) Richter Di in die wunderschöne und intelligente Frau des Leichenbeschauers. Sie liebt ihn ebenfalls. Sie liebt auch ihren Ehemann, einen Buckligen, der gut zu ihr ist. Eine ziemlich verzwickte Geschichte, denn der Detektiv kann nicht seine Verdächtige lieben. Und wenn er es doch tut?

Die Frau des Leichenbeschauers rettet Di, der in große Schwierigkeiten gerät, weil er eine Verdächtige, eine andere intelligente Frau, der Folter aussetzt. Das Foltern eines Verdächtigen ist nach altem chinesischen Gesetz zulässig, sofern dieser das Verbrechen wirklich begangen hat. Physische (und psychische) Mißhandlung kann bewirken, daß der Verdächtige ein volles Geständnis ablegt. Ohne Geständnis ist kein Urteil möglich. Di weiß intuitiv, daß ein Mann ermordet worden und dessen Frau die Mörderin ist. Die Frau gibt jedoch nicht auf. Sie wirft dem Richter unzulässiges Verhalten vor, und Di, der unberechtigten und daher willkürlichen Folter bezichtigt, könnte seinen Kopf verlieren. Der Fall befindet sich in einer Sackgasse – Dis Vorgesetzte runzeln die Stirn, die Bevölkerung murrt. Nun flüstert ihm die Frau des Leichenbeschauers zu, er solle den Kopf des Leichnams überprüfen. Damals gab es noch keine Röntgenstrahlen, und Di konnte nicht wissen, daß ein langer dünner Nagel in den Kopf des unglücklichen Mannes gehämmert worden war. Woher wußte es aber die Frau des Leichenbeschauers?

Di entdeckt, daß er zwei Morde aufgeklärt hat. Die Frau des Leichenbeschauers, eine ehemalige Witwe, brachte ihren ersten Mann auf die gleiche schreckliche Art um.

Was kann Di tun? Soll er die schöne gebildete Dame (ihr erster Mann war ein betrunkener Tölpel), die er außerdem liebt (und nicht heiraten kann, denn er schätzt ihren gegenwärtigen Ehemann), eines Verbrechens anklagen, das nur durch den Tod gesühnt werden kann? Er grämt sich.

Sie bringt sich um.

Eine höchst raffinierte und wirklich grauenvolle Geschichte über die ›mißliche Lage des Menschen‹ (sind wir wirklich dazu verdammt, Böses zu tun?), deren Gerüst van Gulik den *Parallel Cases* entnahm und geschickt in

Richter Di und die Frau des Leichenbeschauers

seinem Buch verarbeitete. Noch viele andere seiner Erzählungen basieren auf Material, das dieser unbekannten Fallsammlung entstammt. Er informiert uns allerdings immer – in Fußnoten, Vorworten und Nachworten – über die Quelle seiner Inspiration. Das Buch ist nicht mehr in Druck, aber ich stieß zufällig auf ein Exemplar und habe selbst einige der Plots verwendet.* (Es sind immer noch ein paar übrig.)

Um eine Vorstellung davon zu geben, wie die Fälle formuliert sind, habe ich aufs Geratewohl ein paar von ihnen ausgewählt:

Fall 6 B

»Als Li Nan-kung Richter in Ho-pei war (11. Jhdt.), wurde ein kleiner Beamter eines Verbrechens beschuldigt und ins Gefängnis gesteckt. Er weigerte sich, ein Geständnis abzulegen. Er hielt seinen Mund geschlossen und aß mehr als hundert Tage lang nichts. Die Gefängnisbeamten wagten nicht, ihn auf der Folter zu befragen, weil sie nicht wollten, daß er einen körperlichen Schaden erlitt (und ihnen, geschwächt wie er war, unter den Händen starb). Li Nan-kung sagte: ›Ich kann ihn sofort zum Essen veranlassen.‹ Er ließ den Gefangenen zum Verhör zu sich bringen und sagte: ›Ich werde dir deine Nase mit etwas verstopfen; wirst du dich dann noch weigern können zu essen?‹ Ganz erschrocken begann der Mann wieder zu essen (und gestand schließlich sein Verbrechen). Jener Mann war ein Experte darin, sich ›von Luft zu ernähren‹ (eine taoistische

* *Inspektor Saitos kleine Erleuchtung*, Reinbek bei Hamburg 1986.

Disziplin); aber mit zugestopfter Nase wäre seine Atmung behindert gewesen, und die Luft hätte nicht mehr zirkulieren können. Deshalb gestand er.«

Fall 51 A

»In der (nördlichen) Chou-Dynastie (557–581), als Yü Chung-wen Präfekt von Chao war, lebten zwei Männer mit den Nachnamen Tu und Jen. Jeder von ihnen hatte eine Kuh verloren. Später wurde eine streunende Kuh gefunden, und beide behaupteten, es sei die ihre. Die örtlichen Behörden vermochten den Fall nicht zu lösen. Da sagte Han Po-hsi, der Verwalter von I-chou: ›Yü aus An-ku war in seiner Jugend ein geschickter Kriminalist. Er muß diesen Fall entscheiden.‹ Yü Cheng-wen forderte beide Parteien auf, ihre Kühe zum Gericht zu treiben. Er ließ die herrenlose Kuh frei, und sie schloß sich Jens Herde an. Dann befahl er einem seiner Männer, der Kuh eine kleine Verletzung zuzufügen. Jen seufzte kummervoll, während Tu keine Gefühlsregung zeigte. Daraufhin gestand Tu.«

Fall 8 A

»Als der Richter Fan Ch'ung-jen Präfekt von Ho-chung war, wurde der stellvertretende Inspektor Sung Tan-nien (sein Untergebener) nach einem Bankett in seinem eigenen Haus krank und starb in der Nacht plötzlich. Das hatte etwas damit zu tun, daß eine seiner Konkubinen verbotene Beziehungen zu einem kleineren Beamten unterhielt (und so wurde das Paar festgenommen, damit man herausfinden konnte, was es mit dem Tod von Sung zu tun hatte).

Fan Ch'ung-jen, der wußte, daß es sich um keinen natürlichen Tod handelte, befahl den lokalen Beamten, den Fall zu untersuchen. Bei der Autopsie stellte man fest, daß aus allen neun Körperöffnungen Blut ausgetreten war. Die Konkubine und der Beamte sagten: ›Wir haben Gift in die Schildkrötenpastete getan.‹ Fan Ch'ung-jen fragte, bei welchem Gang die Pastete serviert worden sei; er sagte (als er erfuhr, daß dies sehr früh während des Banketts geschehen war): ›Wie hätte der Vergiftete das ganze Bankett durchstehen können? Das ist zweifellos nicht die Wahrheit!‹ Er ordnete eine Fortführung der Untersuchung an. Dann verlautete, daß die Angeklagten Sung ermordet hatten, indem sie ihm beim Aufbruch der Gäste Gift in seinen Weinbecher schütteten. Da Sung keine Schildkrötenpastete gegessen und auch die anderen Gäste sie abgelehnt hatten, hatten die Verbrecher gehofft, daß der Fall später unter anderen Voraussetzungen neu hätte verhandelt werden müssen und sie auf diese Weise der Todesstrafe entgangen wären.«

Die menschliche Niedertracht kann sich nicht so sehr verändert haben – es ist ziemlich leicht, sich in die Welt eines chinesischen Richters im 7. Jahrhundert zu versetzen. Die Methoden änderten sich. In der Tang-Dynastie kannte der Krieg zwischen Gut und Böse keine Computer, chemischen Labors oder unmittelbar per Satellit übertragenen Informationen. Aber es gab psychologische Tricks. Richter Di, der die unbewußten Ängste seiner Verdächtigen erkennt, verkleidet sich manchmal als Richter der Unterwelt und schleicht sich heimlich in die Ge-

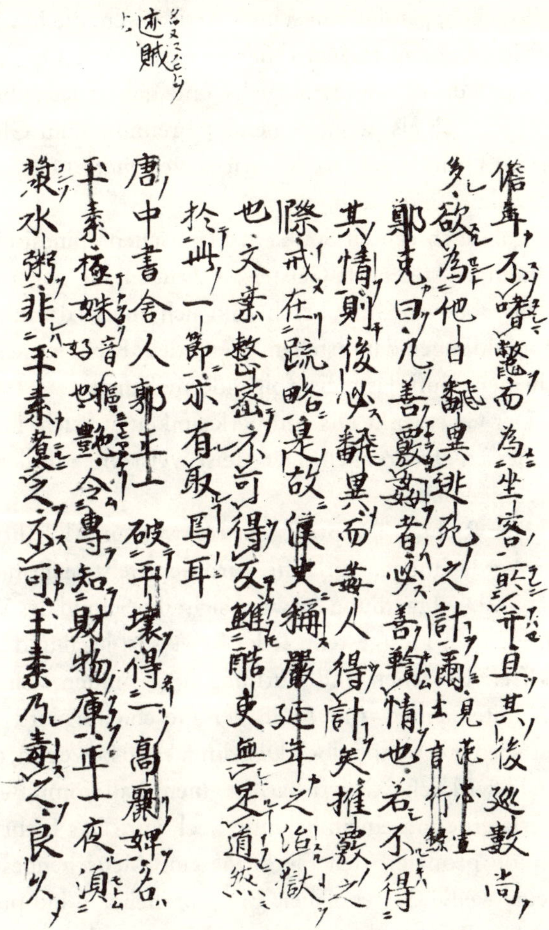

偕年不嘗鑑而爲坐客所非且其後巡數尚
多欲爲他日翻異逃死之計爾 見范忠宣行錄
鄭克曰凡善鞫獄者必善察情也若不得
其情則後必翻異而無人得計矣推鞫之
際戒在疏略是故獄吏稱嚴延年之治獄
也文案整密不可得反雖酷吏無足道然
於此一節亦有取焉耳

逃賊

唐中書舍人郭正一破平壤得一高麗婢名
玉素極姝艶 音稱姝好也 令專知財物庫正一夜須
漿水粥非玉素煮之不可玉素乃毒之良久

Seite aus Hayashi Doshuns
Kopie der *Parallel Cases*; sie enthält das Ende von Fall 8 A
und Anfang von Fall 8 B

fängniszellen, gefolgt von seinen Assistenten, die Masken von Tierdämonen tragen. Oder er treibt seine Opfer an den Rand des Zusammenbruchs und nähert sich ihnen dann plötzlich als ›wohlmeinender Freund‹. Zum Glück ist er im Grunde gut, so daß wir seinen *modus operandi* immer akzeptieren können.

Es gab auch echten Spuk. In klassischen chinesischen Erzählungen treten oft Geister als Zeugen auf, sogar vor Gericht, aber van Gulik beschränkt sich (meist) darauf, sie als Einbildungen darzustellen. Wenn dem Richter Geister erscheinen, läuft das meist folgendermaßen ab:

1. Der Geist lenkt Dis Aufmerksamkeit auf sich. Di ist angemessen erschrocken. Der Geist weist ihn auf illegale Handlungen hin.

2. Der Richter überprüft den Hinweis und lokalisiert einen Verdächtigen. Vorläufig wird der Geist nicht mehr erwähnt. Die Handlung entwirrt sich; die Schuld des Verdächtigen wird festgestellt. Jeder Beweis ist legal und einwandfrei. Ursachen und Wirkungen verbinden sich logisch miteinander. Am Ende der Geschichte wird der Geist wieder erwähnt, doch Di gelingt es zu beweisen, daß er nicht wirklich existiert hat. In einem Fall kommt eine Papierlaterne mit einem Schmutzfleck vor. Das Licht im Lampion projiziert den Fleck wie eine Menschengestalt auf eine weiße Gartenmauer. Ein plötzlicher Wind pfeift durch ein Rohr und erzeugt beinahe menschliche Laute. Eigentlich ist gar nichts geschehen. Der Leser kann zu Bett gehen und fest schlafen.

3. Dann, wenn alles in Ordnung zu sein scheint, *taucht der Geist plötzlich wieder auf* und dankt dem Richter.

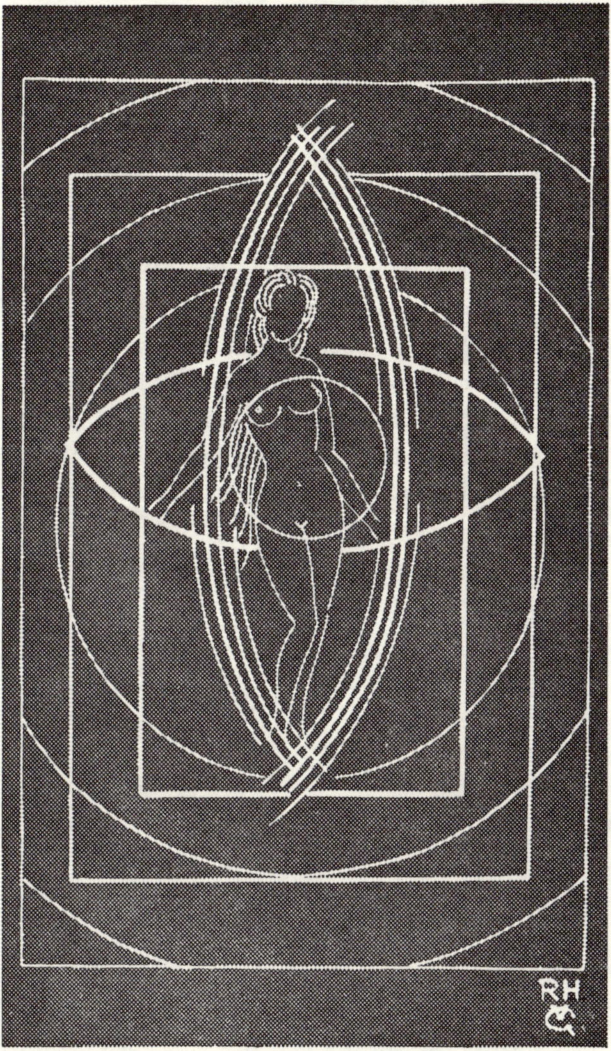

Illustration van Guliks aus *The Given Day*

Di war eine historische Figur, und die Di-Bücher kreisen um historische Ereignisse. War van Gulik also nicht schöpferisch? Er war es zweifellos, denn niemand hätte je seine brillanten und originellen Kombinationen, die auf akribischer wissenschaftlicher Arbeit beruhten, übertreffen können.

Gegen Ende seines allzu kurzen Lebens schrieb van Gulik noch einen Roman, in dem ein moderner erfundener Holländer ein zeitgenössisches Verbrechen aufklärt. *The Given Day* spielt überwiegend in Amsterdam, kurz nach dem Zweiten Weltkrieg. Es besteht jedoch eine Verbindung zum Orient, denn der Romanheld ist von den Japanern auf Java gefoltert worden, und auch der Mittlere Osten spielt eine Rolle, wo van Gulik mehrere Jahre stationiert war.

8

Ich bin Di«, sagte van Gulik zu einem Schriftstellerkollegen, während sie in einer Amsterdamer Bar über die Kunst der Literatur diskutierten. Zweifellos kam er der Wahrheit damit nahe. Gewöhnlich basierten seine Äußerungen auf wissenschaftlicher Forschung, doch in vielen seiner Aufzeichnungen erwähnt er auch unterbewußte Erfahrungen.

Jeder Mensch – die Griechen wußten das, denn die Ägypter hatten es ihnen gesagt – ist *legio*. Unsere Persönlichkeit ist komplex.

Van Gulik anerkannte und bestätigte die Existenz seiner (gespaltenen) ›holländischen Gentleman‹-Persönlichkeit. Sie beherrschte, mit seiner Erlaubnis, die Bühne, wenn er seinen Wohnsitz in den Niederlanden hatte. Das holländische Literaturmuseum in Den Haag hat einige Zeitungsinterviews archiviert, in denen dieser Teil seiner Persönlichkeit zum Vorschein kommt.

»Er ist ein hochgewachsener Mann«, teilt uns die vergilbte Zeitung mit, »salopp in einen graugrünen dreiteiligen Anzug gekleidet, und dazu trägt er eine jungenhafte rotkarierte Krawatte. Sein rundliches Gesicht (dunkle Augen hinter einer winzigen goldgefaßten Brille) hat etwas Rätselhaftes und ist schwer einer der bekannteren Kategorien unserer Mitmenschen zuzuordnen. Der Schnurrbart und ein kleiner Spitzbart verstärken diese Wirkung.«

Rätselhaft? Wieso denn? Der Reporter scheint keine Schwierigkeiten zu haben, die bedeutende Persönlichkeit zum Reden zu bringen.

Van Gulik spricht leicht, ohne eine Spur von Wichtigtuerei, wie man sie angesichts seiner hohen und exotischen Stellung erwarten könnte. Wir erfahren, daß er sich an seine frühe Jugend in der Provinzstadt Zutphen nicht erinnert, mit Ausnahme eines Ereignisses – er fiel in einen Teich. Auch eine Augenoperation erwähnt er. Er war mehrere Wochen lang blind, vergnügte sich jedoch damit, Bilder zu betrachten, ›die fortwährend von meinem Geist projiziert wurden‹. Die Erinnerungen, die sich in Form gut entworfener Filme zeigten, faszinierten ihn, und fast bedauerte er es, als er seine Sehkraft zurückerhielt.

Das Interview fand 1965 statt. Er war im Außenministerium beschäftigt und fühlte sich wohl zu Hause (Ten Hovestraat 88, Den Haag, eine komfortable Residenz), seine ›Hobbys‹ nahmen den größten Teil seiner freien Zeit in Anspruch, und, versicherte er dem Reporter, er besuchte seine Klubs. In einem anderen Interview erfahren wir ihre Namen. Da gab es den *Haager Kunstkreis;* eine Gesellschaft für ehemalige Bewohner der Insel Java, *Tong Tong;* den exklusiven Herrenklub *Pulchri;* und schließlich eine Organisation namens *Tägliche Übung erzeugt Wissen.*

Alles sehr ›niederländisch‹, das heißt ein bißchen gewöhnlich, ein bißchen beschränkt. Wie fühlte er sich, gefesselt und eingesperrt? Müßte er uns das nicht mitteilen? In einem Roman?

Das tat er, in *The Given Day,* untertitelt *Ein Amsterda-*

mer Rätsel, Band 49 in Van Hoeves vergessener ›Kramer Taschenbuchreihe‹. Die niederländische Version, so erzählte mir ein freundlicher Buchhändler, war ein ›Fehlschlag‹ und wurde sofort verramscht. Eine (von van Gulik selbst angefertigte) englische Übersetzung wurde privat in Malaysia veröffentlicht und nie verkauft, die meisten Exemplare gingen verloren. »Trotzdem«, sagte der Buchhändler, »gefiel mir das Buch.« Er lieh mir sein eigenes Exemplar.

Die erste US-Ausgabe (1984) erschien in einer Auflage von nur dreihundert Stück. Die Taschenbuchausgabe (1986) wird hoffentlich einen größeren Leserkreis erreichen.

Van Gulik lädt uns ein, uns mit einem anderen Aspekt seines Charakters, verkörpert durch einen nach dem Zweiten Weltkrieg repatriierten holländischen Ex-Kolonialbeamten, zu identifizieren. Meneer Hendriks, ein Mann in den frühen Vierzigern, bewohnt ein trostloses Zimmer in Amsterdam. Die Tapete löst sich von den Wänden, die Deckenfarbe blättert ab, und ständig hängen die Kochdünste der Vermieterin in der Luft. Das Wochenende geht langsam dahin; unser Held hat nichts zu tun, außer sich zu ängstigen. Er übergibt sich vor Angst. Er halluziniert. Seine Wachen aus dem japanischen Gefangenenlager sind in der Nähe – böse Schatten draußen in der Gasse. Weitere schleichen im Nieselregen auf den Kanalquais herum. Es war noch nicht lange her, daß Reservehauptmann Hendriks hungern mußte und geschlagen wurde. Hauptmann Uyeda von der japanischen Militärpolizei (der gefürchteten Kempetai) hielt unseren Hendriks irrtümlicherweise für einen anderen Hendriks, einen Spion, der Geheimnisse kannte. Uyeda versuchte geduldig, sie aus ihm herauszubekommen, auch mit Hilfe der Folter. Aber selbst die Folter wird am Ende langweilig, und die beiden Hauptleute unterhalten sich während gelegentlicher Pausen. Uyeda erzählt seinem Opfer von der Zeit, da er Zen-Schüler war. Strenge Zen-Disziplin legt keinen großen Wert auf Mitgefühl, und ihre Methode unbeweglicher und ausdauernder Meditation – in zugigen Tempeln, wo Wächtermönche herumgehen und die Nachlässigen schlagen – war in die Ausbildung der japanischen Gestapo aufgenommen worden. Und zwar in so perfekter Weise, daß die sadistischen Polizisten sogar über einen richtigen Zen-Meister verfügten. Der Meister empfing einen Schüler nach dem anderen und gab ihnen Rätsel auf, die berühmten Zen-Koans. Eine richtige Antwort bedeutet unmittelbare Erleuchtung, Befreiung von der Beschränkung durch das Ich, verschafft Zugang zum Nirwana, wo, weil nichts verloren werden kann, alles gewonnen wird.

Hendriks bekundete Interesse. Es ist besser, sich mit abstrakten Diskussionen zu beschäftigen, als in die Leiste getreten zu werden. Wie lautete also das einzigartige, erhabene Rätsel des ehrenwerten Herrn Militärpolizeihauptmanns?

Der japanische Hauptmann ist traurig. Es ist ihm nie gelungen, das Rätsel zu beantworten, das Koan zu lösen, die Beschränkungen seines engen Egos zu überwinden. Sein Meister hatte ihm aufgetragen, *den Schnee auf dem Fudschijama zum Schmelzen zu bringen.*

»Aber es ist ewiger Schnee!«

»Richtig.«

»Man kann ihn nicht zum Schmelzen bringen.«

»Richtig.« Logischerweise nicht. Nicht innerhalb der Grenzen des menschlichen Geistes. Dennoch wird der Schnee schmelzen. Nichts ist beständig. Alles ist ein Traum. Das Leben ist ein Traum in einem Traum. Wir müssen daraus erwachen, wir müssen frei werden von Wiedergeburt, vom Rad des Karmas, das uns wieder und wieder in das Leiden zurückstößt.

Ja, nichts hat Bestand. Van Gulik wußte das. Er verlor seine Kunstsammlung. Er wurde immer wieder versetzt. Als er über Hendriks schrieb, brachte ihn der Tabakrauch langsam um. Auch Hauptmann Uyeda starb, mit einer Schlinge um den Hals – die englischen Befreier hatten den japanischen Polizeihauptmann unverzeihlicher Kriegsverbrechen für schuldig befunden.

Hendriks sagt seinem ehemaligen Peiniger Lebewohl, wünscht ihm eine gute Reise, ohne Groll. Hauptmann Uyeda revanchiert sich für das Mitgefühl seines früheren Opfers und vermacht ihm sein eigenes ungelöstes Koan. Während der Japaner im Todeskampf röchelt, lernt der Holländer das Koan über den Schnee des heiligen Fudschijama auswendig.

Was ist das? Der unempfindliche, a-religiöse Romanautor van Gulik (wie John Blofeld, der buddhistische Gelehrte, behauptete) läßt einen Buddhisten den Schlüssel an einen Christen weiterreichen, der später in dem Buch in Verwicklungen mit einer Bande von Muslimen (ein frommer, böser Scheich und seine kriminellen, aber gläubigen

Gefolgsleute) gerät. Alle Charaktere sind einer ständigen Seelenerforschung ausgesetzt, bevor Hendriks ein echter Held werden darf; und wie die meisten Helden des Detektiv-Genres kann er am Ende des Buches einen Preis beanspruchen, eine schöne Frau. Sie bietet ihm ihre Reize an, doch er gibt sie frei, damit sie sich den Wunsch ihrer wahren Liebe erfüllen kann. Der arme Hendriks, erschöpft, geschlagen, ausgebrannt, ganz allein in der feuchten dunklen Innenstadt Amsterdams, wagt es schließlich, sein Selbst an die Leere zu verlieren, so daß der ewige Schnee, der seine Seele erstarren ließ, schmelzen kann.

Die holländischen Literaturkritiker waren außer sich. Das war Häresie. Was war dieses Zen? Irgendeine neumodische Religion? Sie hatten keinen blassen Schimmer, worum es in dem Buch ging, und stuften es noch unterhalb von Groschenromanen ein: billiger Schund, zur bloßen Zerstreuung geschrieben. Sie gaben sich große Mühe zu erklären, daß van Guliks Kunst, trotz seiner Popularität im Ausland, keine ›Literatur‹ sein konnte. Welch ein Jammer, fügten sie hinzu, daß einiges von diesem vielleicht interessanten Material nicht von einem richtigen Schriftsteller verwendet worden war.

Sie verrissen das Buch auch unter sachlichen Gesichtspunkten. Wie konnte Hendriks 1942 einen Jeep fahren und mit einem leichten Maschinengewehr schießen, wo es diese Dinge doch noch gar nicht gab? Warum sprachen die arabischen Banditen so merkwürdig? Und waren sie außerdem nicht homosexuell? Und wie kommt es, daß dieses ausgefallene Zeug in Holland passiert? In Holland passiert nie etwas.

Tatsächlich passiert in den Köpfen mancher Rezensenten nicht viel. Van Gulik offenbart in diesem Buch mehr von sich selbst als in irgendeiner seiner intimsten Schriften. Hendriks' Maske paßt van Gulik müheloser als die Richter Dis. Um das menschliche Problem im alten China zu verstehen, mußte der Autor sich sehr viel mehr anstrengen, als wenn es nur darum ging, sich in einen holländischen Schauplatz von gestern hineinzuversetzen. Richter Di kann nicht in eine holländische Bar schlüpfen, die »nach unverdünntem Schiedam-Gin, feuchten Kleidern, Tabak und Sägespänen riecht«, und »Platz zwischen einem marineblauen Ellbogen und einem Ellbogen in abgetragenem Tweed finden«. Wie Hendriks schlürfte van Gulik Schiedam-Gin aus hochstieligen tulpenförmigen Gläsern im gefilterten Licht einer antiken Bar. Van Gulik muß sich dort, verwundert über sein rasch nahendes Ende, gefragt haben, wie es wohl wäre, wenn sein eigenes Geschöpf Hendriks noch herumliefe und psychologische Schlachten in den Köpfen seiner Leser gewänne, nachdem er selbst schon längst tot war.

Ein anderer holländischer Schriftsteller, der van Gulik in einer dieser Bars traf, erzählte mir, daß der Botschafter ihn an einen Adler erinnerte, der sich zu den Hühnern hinabließ, um ihnen zu verkünden, sie seien alle Vögel. »Er sprach ein wenig über Buddhismus«, sagte der Schriftsteller. »Dunkles Zeug, weißt du, aber es schien ihn aufzuheitern.«

Vielleicht war es diese höchste Freiheit in seinem Innern, die van Gulik lächeln ließ, während er sich mit Künstlerkollegen unterhielt. Das Tao muß ihn irgendwie aufgemuntert haben, trotz seines Hustens und der Schmerzen in seiner Brust.

Da ist dieses Gedicht in *The Lacquer Screen* (dt.: *Der Wandschirm aus rotem Lack*), das Richter Di entdeckte und das ihn nachdenklich stimmte, obwohl es nicht der Überzeugung seiner Regierung entsprach:

Geboren werden bedeutet Leiden und Schmerzen
Leben bedeutet Leiden und Schmerzen
Sterben und nie mehr wiedergeboren werden
Ist die einzige Erlösung aus Leiden und Schmerzen

Richter Di, ein Moralist, und Hendriks, als Christ erzogen, liebten beide diese Ideen, die unsere ›Wirklichkeit‹ als eine weitere Illusion sichtbar machen. Sie waren beide einsame Helden, potentiell unsterbliche Aspekte van Guliks, des ›hochgewachsenen Mannes mit der rätselhaften Art‹; Aspekte, die über das Vermögen seiner zeitgenössischen Kritiker weit hinausgingen.

So viel zu *The Given Day* auf einem höheren Niveau. Es gibt auch eine niedrigere Ebene, erfüllt von harter Action, die uns in Atem hält. Drei der Bösewichter sterben, und der vierte wird festgenommen. Alles geht gut aus, und wir können uns beruhigt schlafen legen, während die wahre Suche weitergeht.

9

Van Guliks Thriller waren zwischen 1959 und 1967 in Holland ziemlich populär, verschwanden dann aber nach und nach. Als sie in den siebziger Jahren neu aufgelegt wurden, war jeder Band ein Bestseller. Warum? Ein aggressiver Verleger kann durch Werbung und richtiges Marketing einiges erreichen, doch wenn das Publikum kein Interesse hat, bleibt auch die professionelle Verkaufskunst erfolglos. Was motivierte die holländischen Leser plötzlich, etwas über die Erlebnisse eines antiken chinesischen Richters erfahren zu wollen? Versprachen sie sich kitzelnde Entspannung davon? Fesselte sie die exotische Atmosphäre? Gab es ein allgemeines Interesse an chinesischen Dingen? Sehnte sich ihr Geist nach Abenteuern, ›die sich vor langer Zeit in einer anderen Galaxie zugetragen hatten‹ und, in diesem Fall, sogar historisch wahr waren?

Vermutlich spielten alle diese Gründe eine Rolle und wohl auch van Guliks Ruf, ein Wissenschaftler zu sein, der sich für das Bizarre und für Sex interessierte. Nach Jahrhunderten strenger protestantischer Unterdrückung erfreuten sich die Niederländer einer ungestümen sexuellen Revolution. Das allgemeine Publikum wußte vom Hörensagen, daß unser Botschafter für den Fernen Osten ein Buch mit dem Titel *Sexual Life in Ancient China* geschrieben hatte. Der Sextourismus war in Mode gekommen, und holländische Männer wurden mit Jumbos in den Orient geflogen, aber ihre Vergnügungen blieben oberflächlich, und es existierte vielleicht ein Bedürfnis nach sachkundiger Anleitung.

Hier mag eine Verbindung bestehen. Westliche Schuldgefühle konnten sich in der Tang-Dynastie, in der Sex tabu, aber in mannigfacher Form verfügbar war, widergespiegelt sehen. Kapitel 9 in *Sexual Life in Ancient China* nennt einige Richtlinien, die die Einstellung der damaligen Zeit beleuchten. Strafen wurden nach ›Punkten‹ erfaßt; je höher die Punktzahl, umso schrecklicher die Strafen, die die Richter verhängen konnten.

Art des Vergehens	*begangen an*			
	verheirateten Frauen	*Witwen und Jungfrauen*	*Nonnen*	*Prostituierten*
pao-yin »gewaltsame Unzucht«, d. h. Besitzen einer Frau gegen ihren Willen, ohne wirklich an ihr interessiert zu sein, und nur aus Macht- und Besitzgier	500 bei Frauen von Bediensteten: 200	1000 bei Witwen von Bediensteten oder Mägden: 500	unendlich	50 wenn sie nicht wollten, weil sie einen festen Gönner oder eine andere feste Bindung hatten
ch'ih-yin »besessene Unzucht«, d. h. aus blinder Leidenschaft	200 bei Frauen von Bediensteten: 100	500 bei Witwen von Bediensteten oder Mägden: 200	1000	100

yüan-yeh-yin »verabredete Unzucht«, d. h. unerlaubter Geschlechtsverkehr mit gegenseitiger Zustimmung und nach vorheriger Verabredung	100 bei Frauen von Bediensteten: 50	200 bei Witwen von Bediensteten oder Mägden: 100	500	20
hsüan-yin »verkündete Unzucht«, d. h. anderen von den Sünden erzählen	50	100	200	5
wang-yin »eitle Unzucht«, d. h. behaupten, man habe wie oben gesündigt, obwohl es nicht stimmt	50	200	100	10

Die Missetäter wurden erbarmungslos bestraft, aber man konnte noch viel mehr falsch machen – wie folgende, die konfuzianische Moral mißachtende *Vergehen* zeigen:

Früh ins Bett gehen und spät aufstehen (um mehr Zeit für sexuelle Aktivitäten zu haben)	1
Seine Frauen dazu ermutigen, viel Zeit auf ihr Make-up zu verwenden	1
Frivole Theaterstücke ansehen, jedesmal	1
Selbst in solchen Stücken mitspielen	50
Frivole Gespräche mit seinen Frauen führen, ohne sexuelle Absichten	1
Mit sexuellen Absichten	20

Seine Frauen nicht daran hindern, frivole Gespräche zu führen	1
Sich davon erregen lassen	10
Die Tugenden seiner Frauen loben	keine
Ihr Talent und ihre Fähigkeiten loben	1
Ihre Stick- und Nähkunst etc. loben	2
Ihre Klugheit und ihr großzügiges Wesen loben	5
Seinen Frauen von einer Liebesaffäre erzählen	10
Mit der Absicht, wollüstige Gedanken bei ihnen hervorzurufen	20
Seinen Frauen unanständige Geschichten erzählen, um sie zu erregen	20
Ausnahme: Wenn man solche Geschichten erzählt, um das Schamgefühl der Frauen zu entwickeln	keine
Seinen Frauen Liebesgedichte vorlesen	5
Mit der Absicht, ihre Wollust zu erregen	20
Gedichte vorlesen, die von tiefer Leidenschaft handeln, jedesmal	10
Mit der Absicht, seine Frauen zu bilden	keine
Mit seinen Frauen über deren Make-up, Haartracht, persönlichen Zierat usw. reden	1
Ihnen übertriebene Höflichkeit erweisen	1

Priester und Pfaffen würden davon sicher eine Erektion bekommen, aber es gab auch *Vergehen, die mit dem Tode bestraft wurden*, zum Beispiel:

Eltern oder Ahnen beleidigen	1000
Eine anständige Frau vergewaltigen	1000
Den Tod eines Menschen herbeiführen	1000
Ein Hausmädchen als Prostituierte verkaufen	1000
Kindesmord	1000
Erotische Bücher, Lieder oder Bilder verfertigen (Dasselbe gilt für deren Veröffentlichung)	1000
Eine tugendhafte Frau verleumden	500

Aber die Tang-Dynastie kannte auch *Vergehen, die mit Stockschlägen oder Gefängnisstrafen geahndet wurden:*

Sich übermäßig viele Frauen und Konkubinen halten	50
Eine seiner Frauen bevorzugen	10
Die bevorzugte Person außerdem dazu ermutigen, sich den anderen gegenüber schlecht zu benehmen	20
Die Reize seiner Frauen miteinander vergleichen	1
Mit den Reizen seiner Frauen prahlen	1
Sich in wollüstigen Gedanken ergehen	10
Entblößte Körperteile zeigen, während man sich des Nachts entleert	1
Unzüchtige Träume, jedesmal	1
Wenn ein solcher Traum zu einer unzüchtigen Handlung führt	5
Frivole Lieder singen	2
Solche Lieder studieren	20
Romane und andere leichte Literatur lesen	5
Frivole Reden führen	2
In Abwesenheit von Frauen	1
In Anwesenheit von Frauen und um ihre Wollust zu erregen	10
Die Hände von Frauen berühren, wenn man ihnen Gegenstände überreicht	1
Mit wollüstiger Absicht	10
Ausnahme: Wenn es geschieht, um ihnen in einem Notfall zu helfen	keine
Wenn die Berührung aber Wollust erzeugt	10
Einer Frau auf der Straße nicht den Vortritt lassen	1
Wenn man die Frau dabei gleichzeitig ansieht	2
Wenn man ihr verlangend nachsieht	5
Wenn man dabei lüsterne Gedanken hegt	10
Aphrodisierenden Weihrauch bei sich tragen	1
Diesen verbrennen	1
Ohne Ankündigung die Zimmer seiner Frauen betreten	1
Mit Freunden Umgang pflegen, die dem Spiel und der Hurerei verfallen sind	50
Über Frauen Witze machen	50
Über Götter und Gottheiten Witze machen	30
Schmutzige Worte gebrauchen	10
Das Haus eines anderen verbrennen	500
Die Absicht verfolgen, eine Witwe oder Nonne zu seiner Konkubine zu machen	500
Eine bestimmte Frau oder Konkubine bevorzugen	500
Abtreibung	300
Um dadurch eine unerlaubte Beziehung zu verbergen	600

Einen anderen Mann in ein Bordell oder Spielhaus mitnehmen	300
Einen Mann ermutigen, seine Frau zu verkaufen	300
Eine Frau nicht zurückhalten, wenn sie eine Konkubine mißhandelt, je nach Schwere des Falles	100–300
Wenn die Mißhandlung zum Tod des Opfers führt	1000
Dienstmägde nicht rechtzeitig verheiraten	200
Sich mit einer Prostituierten oder einem Lustknaben vergnügen, jedesmal	50
Unsittliche Theaterstücke aufführen lassen, jedesmal	20
Sich sinnlos betrinken	1
Männer und Frauen in seinem Haushalt nicht getrennt voneinander halten	3
Beschriebenes Papier wegwerfen	5
Mit schmutzigen Händen ein Buch lesen	3
Bücher oder beschriebene Fächer im Bett herumliegen lassen	3

Es gab noch andere Dinge, die streng verboten waren. Die allgemeine Idee, die sich dahinter verbarg, war, daß »Frauen die Sünde herausforderten«. »Je weniger begabt eine Frau ist«, sagte der Weise, »desto tugendhafter wird sie sein«. All dies war schlimmster Konfuzianismus, pervertiert im Interesse der Pseudoheiligkeit der herrschenden Klassen. Fortschrittliche Richterbeamte wie Di lehnten Machtspiele, von denen die Mächtigen profitierten, ab, doch sie waren klug genug, die Tradition nicht zu kritisieren. Wenn Bezirksrichter viel Wirbel machten, waren ihre eigenen Köpfe in Gefahr, aber selbst wenn es, um des Scheins willen, notwendig war, eine strenge Moral zu verkünden, beschränkte sich der kluge Richter doch mehr darauf, ein gutes Vorbild zu sein, als seine Untertanen mit rigiden Verhaltensvorschriften zu quälen. Der ideale Staat, sagte der weise Richter, behält seine Gesundheit durch Nichteinmischung.

Van Gulik zitiert auch Schriften, die etwas weniger bombastisch und ein wenig praktischer sind. Ein Staatsgelehrter schreibt 1360:

»Es gibt neun Arten von Frauen, die, wenn man ihnen Zutritt zu seinen Frauenquartieren gewährt, unsägliche Schwierigkeiten verursachen. Es sind die drei Tanten und die sechs alten Weiber.

Die drei Tanten sind die buddhistische Nonne, die taoistische Nonne und die Wahrsagerin. Die sechs alten Weiber sind die Kupplerin, die Vermittlerin, die Hexe, die Diebin, die Kräuterfrau und die Hebamme. Sie sind in der Tat die drei Strafen und die sechs schädlichen kosmischen Einflüsse. Es gibt nur wenige Haushalte, die, nachdem eine dieser Frauen eingedrungen ist, nicht von Unzucht und Diebstahl heimgesucht werden. Die Männer, die wissen, wie sie sich gegen sie verteidigen können, die sie fernhalten, als wären sie Schlangen und Skorpione, diesen Männern wird es gelingen, ihren Haushalt sauberzuhalten.«

Die Schuld wird immer noch beim weiblichen Geschlecht gesehen, und der Mann, der diese Tirade schrieb, war ein Herr aus der Hauptstadt, der zweifellos ein eifriger Besucher der zwanzigtausend Prostituierten war, die sich ihre Reisschale in jenem Mittelpunkt der Welt verdienten. Was dachten die Damen, die so beschuldigt wurden? Van Gulik zitiert eine Hofdame, die für ihre Poesie bekannte Edelfrau Kuan:

Gedicht von Dir und Mir

Zwischen dir und mir
Gibt es zuviel Gefühl
Und das verursacht unsere hitzigen Wortgefechte.
Tu lieber etwas:
Nimm einen Klumpen Ton
Und modelliere ihn so, daß er dir gleicht
Nimm noch einen Klumpen Ton
Und modelliere ihn so, daß er mir gleicht
Zerschlage beide Figuren und vermische ihre Bruchstücke
Forme daraus wieder dein Ebenbild, dann meins
In meinem Ton ist etwas von deinem
Und in deinem etwas von meinem
Lebend schlafen wir unter derselben Decke
Tot teilen wir denselben Sarg –
Sind wir nicht eins?

Poesie ist ein Atemholen der Seele. Chinesen haben empfindsame Seelen, auch wenn sie, verursacht durch kosmische Ungleichgewichte, bisweilen gezwungen sind, ein unbequemes Korsett zu tragen – der Himmel bewölkt sich und klart wieder auf. Van Guliks Studien beziehen sich ausnahmslos auf das vergangene China, auf die viertausend Jahre vor den sogenannten Demokratien Sun Yatsens und Tschiang Kai-scheks und vor Mao Tse-tungs (heute durch Pragmatismus gemäßigten) Versuchen, den vollkommenen Kommunismus einzuführen. Nach der Rückkehr von einer Reise ins kommunistische China 1964 sagte er dem Interviewer einer holländischen Zeitung:

»Es gibt bestimmte grundlegende chinesische Züge, die sich niemals ändern werden, und einige davon waren immer mit Kommunismus vereinbar. Kapitalismus im Sinne reiner Profitgier wurde von jeher verachtet. Chinesen treten für gleiche Möglichkeiten für alle ihre Bürger ein, und die wichtigen Industrien waren schon immer im Besitz des Staates.«

Der gelehrte Botschafter teilt uns weiter mit, daß Chinesen alles ausprobieren, um zu sehen, ob es ihnen ganz oder teilweise von Nutzen sein kann. Und was sie nicht gebrauchen können, geben sie, ohne viel Geschrei darum zu machen, wieder auf, auch wenn Experimente, wie heute mit dem Kommunismus und in der Vergangenheit mit den Lehren des Konfuzius' einige Zeit dauern mögen.

Das geschriebene Gesetz spiegelt nicht immer die Wirklichkeit wider, und selbst als Frauen für alles verantwortlich gemacht wurden, was schiefging, gab es Einstellungen, die in die entgegengesetzte Richtung wiesen. In einem anderen Interview (1965) sagte van Gulik:

»China hatte gute Bücher über Geburtenkontrolle und Liebestechniken, lange bevor der Westen seine Jahre zu zählen begann. Nach dem Studium noch vorhandenen Materials bin ich zu dem Schluß gekommen, daß die Chinesen, damals wie heute, ihrem Sexualleben große Beachtung geschenkt haben. Geringschätzung des Fleisches hat man nie gekannt. Der Körper ist immer völlig akzeptiert worden, und ich glaube, eine Paulus-Figur wäre in China ziemlich undenkbar. Seit 5000 v. Chr. wird der Sexualtrieb im Osten als selbstverständlicher und gesunder Trieb angesehen, bei dem das Individuum nicht im Mittelpunkt steht. Die Beziehung zwischen Mann und Frau spiegelt im chinesischen wie im japanischen Denken den Kosmos wider. Sie ist eine Bewegung im Rhythmus der Natur, ein Abbild von Sonne und Mond, Erde und Himmel, Wasser und Feuer. Das beweist die Gleichheit von Mann und Frau, eine Gleichheit, die aus der fernen Vergangenheit zu uns gekommen ist. Es mag so aussehen, als stehe der Mann im Vordergrund, aber die Frau beherrscht den Mann, so wie er sie beherrscht. Die Chinesen waren sich dieser Wahrheiten immer bewußt.«

Hier spricht wieder der Wissenschaftler, der nach sorgfältigem Studium, im Wissen um Fakten und Theorien, vorsichtige Sätze formuliert.

In *The Red Pavilion* (dt.: *Tod im Roten Pavillon*), dem romantischsten und sinnlichsten Roman der Richter-Di-Serie, zeigt uns van Gulik nach einer spielerischen Einleitung die rauhe Wirklichkeit. Seine Schilderung von Krankheit und Verfall erspart uns kein grausiges Detail. Ein übler Geruch weht uns von den Seiten entgegen, und während wir zögern weiterzulesen, stößt er uns noch tiefer hinein und zeigt uns, daß menschliche Liebe die Fäulnis des Alters bezwingen kann. Zumindest, wenn »die Liebe alles aufs Spiel zu setzen wagt – Reichtum, Ansehen, Zukunft, alles. Wenn sie gleichmütig alles aufgibt für den, den sie liebt.«

Dann wird die armselige Hütte, die den Liebenden Schutz bietet, zu einem wahren Palast, und die Umarmung des leprakranken Alten und der blinden, zahnlosen Hure (er einst ein berühmter Staatsmann und sie eine wunderschöne Hofdame, die sich in jungen Jahren liebten,

Die Dichterin Yu-lan beschreibt eine Säule

aber vom Schicksal getrennt wurden) zu einer tiefen Einsicht, die uns seltsam ergreift.

> Von dir getrennt
> Was kann ich dir noch geben?
> Allein dieses Gedicht,
> Befleckt mit klaren Tränen.

Ein kunstvolles Poem von Yu H'suan-chi (9. Jhdt.), einer freien Frau, die Klischees verabscheute. Sie inspirierte van Gulik zu der Figur der schönen, gebildeten und hochmütigen Dichterin in *Poets and Murder* (dt.: *Poeten und Mörder*).

10

Richter Di ist wachsam gegenüber der im Buddhismus wie im Taoismus häufig vorkommenden Korruption und fasziniert von der rätselhaften Freiheit, die in beiden Systemen im Mittelpunkt steht. Buddhistische und taoistische Prinzipien werden, obwohl diese für den Leser nicht immer deutlich erkennbar sind, in allen Richter-Di-Büchern vorgeführt. Natürlich gehen diese Themen auf die wissenschaftlichen Studien des Autors zurück. Zwei seiner ›ernsthafteren‹ Arbeiten widmete van Gulik seinem Lieblingsmusikinstrument, der *Ch'in*, der chinesischen Laute: *The Lore of the Chinese Lute* (Tokio 1940) und *Hsi K'ang and His Poetical Essay on the Lute* (Tokio 1941). Diese gelehrten Abhandlungen geben uns Gelegenheit, einige der Überlegungen des Autors zu analysieren.*

Zunächst einmal, was ist an der *Ch'in* so Besonderes?

Sie ist das bevorzugte Instrument der taoistischen Weisen. Warum? »Ihre Schönheit«, sagt uns van Gulik, »liegt nicht so sehr in der Aufeinanderfolge der Töne, sondern in jedem einzelnen Ton selbst. Das Timbre ist von höchster Bedeutung, es gibt eine große Vielzahl an Möglichkeiten, die Klangfarbe ein und desselben Tons zu variieren ... Die Techniken, die erforderlich sind, um die Klangfarbe zu

* Meine Exemplare habe ich über Asian Rare Books, New York, gefunden.

verändern, sind extrem kompliziert: allein das Vibrato läßt sich auf sechsundzwanzig verschiedene Weisen erzeugen.« Man erhält weitere Informationen dieser Art. Die Melodie spielt kaum eine Rolle, es ist der abstrakte Klang, der uns aufwühlt. Oder vielleicht nicht so sehr ›uns‹. Nicht jeder kann dieses schwierige Instrument spielen, das geeignet ist, einen in die Leere schweben zu lassen. Die chinesischen Literaturgelehrten alter Zeiten, die Bezirksrichter und höfischen Beamten, die das Land regierten, hatten aufgrund ihres höheren Niveaus Anspruch auf die Laute erhoben. (Es kann einen nicht überraschen, in anderen Studien zu lesen, daß viele *Ch'ins* während der Kulturrevolution zerstört wurden.) Es existiert ein Photo von van Gulik, aufgenommen in Tschungking, 1945. Er hört einem *Ch'in*-Meister beim Spielen zu. Weihrauch glimmt, der Meister trägt einen Taoistenhut, zwei chinesische Schüler in weißen Kutten konzentrieren sich ehrfürchtig. Es handelt sich nicht um eine Musikdarbietung, sondern um ein Ritual, und van Gulik sitzt sehr gerade, sehr aufmerksam da, völlig gebannt von der ganzen Sache. Wenn Schlaginstrumente wie Trommeln, Klappern und Gongs mit buddhistischer Meditation assoziiert werden, dann muß die siebensaitige Laute das Medium sein, das den Schüler über seine selbstgesetzten Begrenzungen hinausführt. Die beiden Bücher über die Laute wurden während des Zweiten Weltkriegs geschrieben. Die Niederlande waren bereits von Nazitruppen besetzt. Eine andere Form des Faschismus trieb Japan in den Aufruhr. Van Gulik spielte Laute. Er war glücklich. Nicht leichtfertig glücklich, sondern im Sinne eines positiven geistigen Friedens.

Van Gulik mit einem *Ch'in*-Meister, Tschungking (ca. 1945)

Das Studierzimmer, in dem er spielte, sollte er zusammen mit seiner ersten umfangreichen Kunstsammlung und seiner Bibliothek wieder verlieren. Auch seine wertvolle Laute ging verloren, doch in China fand er eine andere. Was für ein Instrument ist das nun?

Es ist eine ›Zither‹, ohne Griffleiste, mit einem aus zwei Holzbrettern bestehenden Resonanzkasten. Die obere Seite ist konkav und aus Weichholz, die untere flach und aus Hartholz. Sieben seidene Saiten (manche Lauten haben fünf, andere neun Saiten, aber das siebensaitige Instrument wird als das eigentliche angesehen) sind über den Resonanzkasten gespannt, und das Bodenbrett weist zwei rechteckige Löcher auf, die ›Drachenteich‹ und ›Phönixbecken‹ heißen. Da die Laute ein leises Instrument ist, braucht sie gewöhnlich einen zweiten Resonanzboden; den Tisch, auf den sie gelegt wird. Der moderne Holztisch enthält einen Hohlraum.

Das Instrument eines Weisen. Hsi K'ang war solch ein taoistischer Einsiedler, wie die Legende berichtet. Er spielte die Laute und war der heilige Musiker einer Gruppe von sieben Weisen, die sich in einem Bambushain trafen. Hsi K'ang schrieb einen Essay über den Gebrauch der Laute, und van Gulik schrieb einen Essay über den Essay. Im Vorwort erfahren wir, daß seine Übersetzung von Hsi K'angs letzter Schrift (Hsi wurde kurz nach der Aufzeichnung seiner Gedanken hingerichtet) möglicherweise nicht ganz exakt ist. »Der Text enthält einige komplizierte Passagen«, sagt van Gulik. Er wünschte, es gäbe andere, qualifiziertere Gelehrte, die bessere Arbeit leisten könnten, vorausgesetzt, »sie besäßen eine gewisse Ver-

Hsi K'ang und seine *Ch'in*

trautheit im Umgang mit der Laute, die zu erwerben sie vielleicht nie Gelegenheit hatten«. Nun, van Gulik besaß zufällig die Fähigkeit, dieses seltene Instrument zu spielen, und fühlte sich daher qualifiziert, in den Geist eines taoistischen Adepten einzudringen.

Aber es waren *sieben* herausragende Taoisten, die sich im dritten Jahrhundert in jenem Bambushain trafen. Man betrachtete sie als vorbildliche Einsiedler, und das Siebengestirn wurde ein wohlbekanntes, noch heute auf Töpferei und Bildern verwendetes Motiv. Die ehrwürdigen Herren spielen Schach, schreiben Gedichte, trinken Wein, aber Hsi K'ang spielt immer Laute. Sie befinden sich in vollkommener Harmonie mit dem Kosmos. Sie bewahren die Ruhe unter rauschenden Blättern. Sie sind eine Legende.

Legenden jedoch sind gewöhnlich nachweisbar falsch. Sie enthalten Gedanken, ideale Szenen, die sich schlecht ins Alltagsleben übertragen lassen. Was war wirklich mit den sieben heiligen Männern los? Van Guliks Studie zeigt, daß sie nicht heilig waren und nicht in einem Bambushain lebten. Sie waren reiche, bedeutende und mächtige Hofbeamte – weniger am Anfang, als sie noch Idealisten waren –, die allmählich von ihrer Umgebung korrumpiert wurden. Ihre Zusammenkünfte fanden immer seltener statt und hörten dann ganz auf. Doch gab es eine Ausnahme: Hsi K'ang. Er war unbestechlich wie Sokrates, und wie Sokrates wurde er zum Tode verurteilt. Vor der Hinrichtung spielte er die Laute und starb in Frieden.

Wurde Hsi K'angs unsterbliche Seele dank seiner Laute gerettet?

Hier können wir einen Blick auf die Idee der ›Unsterblichkeit‹ werfen. Freiheit vom Tod steht für Freiheit vom Dualismus, bedeutet jenseits von Bewußtsein und Materie, von Geist und Seele zu sein. Die taoistische Magie suchte verzweifelt nach einer handgreiflichen Lösung. Man versucht, ein Lebenselixier herzustellen, das in einem Kessel gebraut werden kann, oder man ißt Stalaktiten, um das Bewußtsein ›einzufrieren‹ und Halluzinationen zu erzeugen, bei denen die Zeit keine Rolle spielt. Man bemüht sich, sexuelle Funktionen zu einer Übung zu pervertieren, die das physische Leben verlängert. Bestimmte Atemübungen erlangen höchste Bedeutung. Manche Weisen joggen. All das, um den Tod zu vermeiden. Der tatsächliche Tod ist für den künftigen Unsterblichen also nicht ohne Bedeutung und taucht auch in der einschlägigen Literatur auf. »Als Hsi K'ang auf dem östlichen Markt von Lo-yang, der Hauptstadt von Wei, kurz vor seiner Hinrichtung stand, war er ganz gelassen. Er nahm seine Laute und zupfte die Saiten. Als er die Melodie beendet hatte, sagte er: ›Mein Schwager bat mich, ihm dieses Lied beizubringen, doch ich habe mich immer geweigert. Nun stirbt das Lied mit mir‹.« Wir erfahren, daß er ein Stück mit dem Titel ›Großer Friede‹ spielte. Die Zuhörer waren bewegt.

In einer Studie von J. C. Y. Watt, einer Gedenkschrift für Dr. van Gulik, veröffentlicht in der Zeitschrift *Orientations* (November 1981), heißt es, daß die siebensaitige Laute in der Tat ein heiliges Instrument geworden war. Graf Ping (6. Jhdt. v. Chr.) geriet in große Schwierigkeiten, weil er darauf bestand, der *Ch'in*-Musik zu lauschen, bevor er moralisch würdig war, das Instrument zu spielen.

Marquis Wen (424–386 v. Chr.) wagte es, zur Laute zu tanzen, und wurde scharf kritisiert. Die Musik lockte den heiligen Vogel, den Kranich, an, dem es allein zustand, dazu zu tanzen, und jeder Gelehrte, der nach der höchsten Harmonie strebte, hatte eine siebensaitige Laute an der Wand hängen, ob er sie spielen konnte oder nicht. Hofmusiker mußten das magische Instrument spielen lernen, und eine der berühmtesten chinesischen Kompositionen, ›Wasser und Wolken auf den Flüssen Xiao und Xiang‹, war speziell für die herrliche Zither geschrieben worden.

Nach und nach wurde die Laute zum Bestandteil, ja vielleicht zum Kern dessen, was in hohen Kreisen als mystische Glückseligkeit angesehen wurde. *Ch'in*-Spieler tauchen sogar in modernen Gemälden auf, und die Szene ist, wenngleich im Stil verschieden, immer noch im wesentlichen dieselbe, die auch van Gulik später zeichnete: Sie zeigt den einsamen Eremiten friedvoll in seiner Hütte. Alles, was er noch besitzt, sind einige Bücher, und das einzige Möbelstück ist das Wandbrett, auf dem sie stehen. Ein Kranich stolziert neben ihm her, wenn er spazierengeht. Er spielt die Laute; bei schlechtem Wetter in der Hütte auf dem dafür vorgesehenen einfachen Tisch, bei schönem Wetter im Freien und auf den Knien. Seine Musik trägt ihn davon, auf den Flügeln des Kranichs, hinaus aus irdischem Schmutz und Staub. Die Szene ist von äußerster Einfachheit und Eleganz.

Und von äußerster Unmöglichkeit. Der Taoist Hsi K'ang war ein reicher Mann, der jeden Komfort genoß. Wenn er einen Tag in seiner Hütte verlebte, brachte er hinterher seiner Frau die Wäsche mit nach Hause.

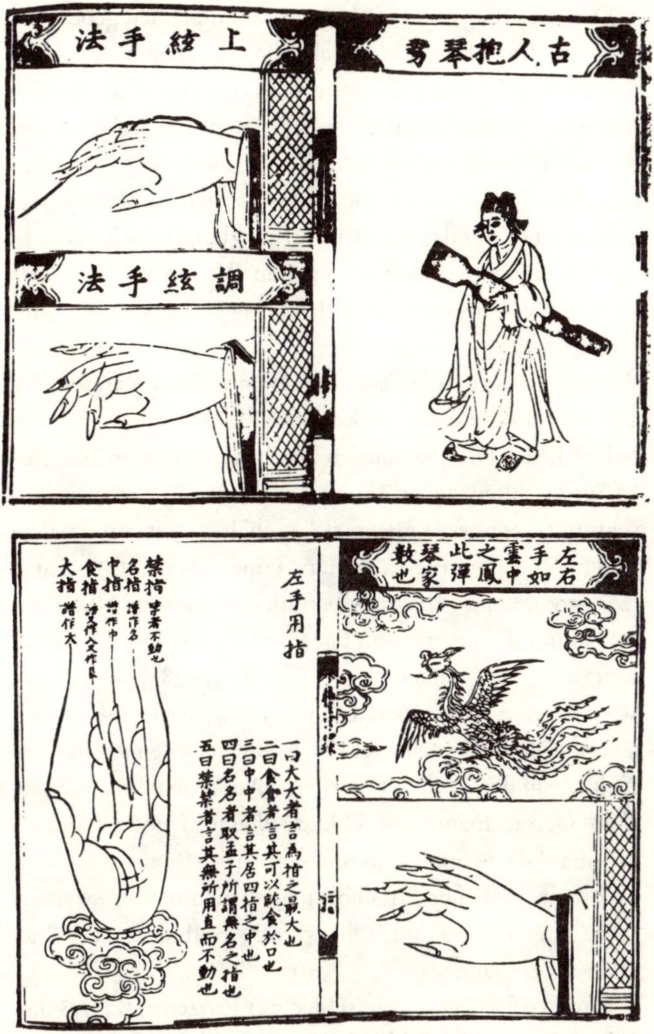

Seiten aus einem *Ch'in*-Handbuch, dem *Fengxuan Xuanpin*, veröffentlicht 1540

Dennoch mag es diese idealisierte Einfachheit geben, im Rahmen einer Unsterblichkeit, die uns allen zuteil wird und die, laut Taoismus, bereits in uns ist. Das selige Gefühl höchster Freiheit existiert, wenn wir uns plötzlich nicht mehr um Verantwortung und Besitz, um den heranschleichenden Tod und um die Katastrophen im Fernsehen sorgen. »Dies ist das wahre unvergängliche Glück, das wir verdient haben«, möchten wir den Weisen sagen hören, während er eines seiner sechsundzwanzig Vibratos anschlägt.

Nun, die Sieben Weisen vom Bambushain waren nicht alle so weise, und das anekdotische Material läßt (wie im Falle Richter Dis) die meisten historischen Fakten beiseite. In Wirklichkeit haben sie sich nicht auf Einfachheit beschränkt, sondern maximale Gehälter mit minimalen Pflichten kombiniert. Einer von ihnen, Liu Ling (221–300), wurde zu einem bemitleidenswerten Alkoholiker, hinter dem immer ein Page herlief, um ihm aus einem Krug nachzuschenken. Shan T'ao (205–283) wurde ein Verräter und half mit, den einzigen wahren Helden der Gruppe, den Lautenspieler Hsi K'ang, unter einer falschen Anklage in den Tod zu befördern. Außerdem wurde Shan T'ao Gefolgsmann des Diktators und Generalissimus' Ssu-ma Tschao und lebte ein Leben in Luxus und Verderbtheit, wobei er für sich in Anspruch nahm, zwanzig Jahre lang Hügel und Täler durchstreift und ›sein Tao erkannt‹ zu haben.

Einer von sieben – kein schlechter Prozentsatz, was das Erlangen von Unsterblichkeit auf diesem gering entwikkelten Planeten betrifft. Hsi K'ang war ein Meister in der taoistischen Kunst, er erreichte die Vollkommenheit durch völliges Losgelöstsein und begeisterte einen holländischen Sinologen so sehr, daß er seine Freude an uns weitergab. Das Mittel zum Erreichen dieser Losgelöstheit ist eine bestimmte Art von Musik, die, wie der Weise sagt, »dazu dient, den Geist zu leiten und zu bilden und edle und harmonische Gefühlsregungen zu bewirken.«

Dann werden noch einige Hinweise gegeben, wie man spielen soll: »Die Eröffnungstakte einer Lautenmelodie sind stark wie erhabene Berge, oder sie gleichen auch wogenden Wellen: kraftvoll und mächtig, imposant und majestätisch... Bestechende Effekte sind zu vermeiden, und man muß sich darauf konzentrieren, ruhig und nach den Regeln zu spielen. Dann werden die Töne ausdrucksvoll und beeindruckend sein. Sie enden klar und deutlich, und der Schlußteil läßt in ›schwebenden Tönen‹ zart das Hauptmotiv der Melodie anklingen.«

Das ist hübsch, aber es verbirgt sich auch eine gewisse Arroganz dahinter. Hsi K'ang spricht nur zu einem kleinen Kreis Ebenbürtiger. Indem die taoistischen Mandarine die Laute ausschließlich der Oberschicht vorbehielten, gaben sie zu verstehen, daß nur diejenigen, die wie sie selbst zu erhabenen Gedanken fähig waren, eine so feine Musik, die dem Zweck diente, sie in noch höhere Höhen zu führen, spielen konnten. Sie brachten, wie Professor Watts anmerkt, Theorie und Praxis durcheinander, und manch ein mit Beifall bedachter *Ch'in*-›Meister‹ von heute ist nur noch in der Lage, so oberflächlich süße und verführerische Töne hervorzubringen, daß sie jegliche Bedeutung verloren haben.

Das trifft allerdings nicht auf zwei exemplarische Spieler des seltenen Instruments zu: Robert van Gulik selbst und Richter Di. Man betrachte die Illustration. Der alte Holzschnitt zeigt den historischen Richter Ti Jen-chieh (Dis voller Name) in seinem Studierzimmer, und das Instrument auf dem Schreibtisch (halb in der Hülle stekkend) ist eines der Mittel, das dazu beigetragen hat, Dis brillanten Geist zu formen.

Richter Di in seiner Bibliothek

11

Mandarine, vornehme Gelehrte, zogen intellektuelle und künstlerische Seitenwege den Hauptstraßen der für wichtig befundenen Themen vor. Es mag uns deshalb verziehen werden, wenn wir die Haltung des Mandarins mit Vornehmheit assoziieren und uns einen freundlichen, harmlos in das Studium irgendeines trivialen Gegenstandes vertieften alten Mann vorstellen. Wir könnten uns irren.

Die vor dem Zweiten Weltkrieg vierteljährlich erscheinende holländische Wissenschaftszeitschrift *China* enthielt in ihrer Maiausgabe 1938 das Einleitungskapitel von van Guliks Buch *Kuei-ku-tzû, the Philosopher of the Ghost Vale* (Kuei-ku-tzû, der Philosoph aus dem Geistertal).

Als ich auf den Artikel stieß, erwartete ich ein weiteres Beispiel für Van Guliks auf das Bizarre gerichtete Neugier – und insofern behielt ich recht. Aber die dort geäußerten Gedanken sind mehr als nur Überlegungen zu mäßig bemerkenswerten Tatsachen aus einer fernen und dunklen Vergangenheit.

Kuei-ku-tzû lebte während der Periode der ›streitenden Reiche‹ (5.–3. Jhdt. v. Chr.) und war einer der damals zahlreichen Wanderphilosophen und therapeutischen Psychologen, ›die Weisheit lehrten, um sich ihren Lebensunterhalt zu verdienen‹. Sein Name ist uns überliefert, weil er es geschafft hat, den Zorn sowohl des ›weltfremden‹ Buddhismus als auch des moralischen, ›nüchternen‹ Konfuzius', des starren Erzfundamentalisten chinesischen Denkens und Verhaltens, auf sich zu ziehen. Nur der unvoreingenommene und abenteuerliche Taoismus akzeptierte Kueis höchst ungewöhnliche Lösungen und verleibte seinem schwer definierbaren Kanon die Lehren des Rebellen-Weisen ein.

Kueis Denken kreiste um die beste Möglichkeit würdiger menschlicher Herrschaft und lehnte alle Theorien ab, die darauf zielten, gewöhnlichen Gemütern zu gefallen.

Konfuzius bestand darauf, daß alles Regieren auf das Wohlergehen der Menschen gerichtet sein müsse, während die chinesische Legalistenschule, wie Faschismus und Kommunismus heute, totalen Gehorsam gegenüber einem absoluten System befürworteten, in dem allein die Wünsche der Regierenden und nicht die Bedürfnisse der Regierten ausschlaggebend sein sollten. Diese Alternative war bis dahin nicht erweitert worden, doch Kuei-ku-tzû, ein einfacher, aber dem Vernehmen nach erleuchteter Wanderlehrer, fand ohne Schwierigkeiten einen dritten Weg, der in optimaler Weise politische Situationen herzustellen erlaubte.

Unser unbekannter Philosoph, dessen altehrwürdiges Buch – ein Satz abgenutzter und unvollständiger, mit Seidenschnüren gebundener Bambusstreifen – wieder zum Leben erweckt wird, erhebt die Forderung nach einem grundlegend anderen Denken. Kuei empfiehlt eine Regierung, die weder vom Volk noch von pathologischen Diktatoren vom Schlage Hitlers oder Pinochets, sondern von einem neuen Führertypus geleitet werden soll, den Kuei sich dann im einzelnen zu beschreiben anschickt.

Kueis vollkommener Mensch mag uns an Nietzsches Übermenschen oder an den ›schlauen Menschen‹ aus den Schriften von Gurdjieff und Ouspensky erinnern. Der ideale Regent ist weder König von Geburt noch gewählter Präsident, sondern übernimmt die Führungsrolle ›allein aufgrund seiner eigenen Befähigung‹. Frei von Moral, unheimlich intelligent, begabt sowohl für die Kunst der Praxis als auch für das Reich des abstrakten Denkens, begegnen wir einem Menschen, der außerhalb ›des kleinen Kreises der Notwendigkeit‹ steht, der es nicht nötig hat, sich auf der Regierungsbühne aufzublähen und das Volk zu erschrecken. Was ist das Motiv dieses großartigen Menschen? Kein anderes, als *sein Wille zu regieren.*

Kuei-ku-tzû hat in seiner Abhandlung alle Möglichkeiten bedacht. Wie gelangt diese neue Sorte des vollkommenen Menschen (dem alle rettenden Qualitäten konfuzianischer Moral fehlen) auf den höchsten Thron? Entweder konstitutionell, sagt Kuei, oder gar nicht.

Supermann, empfiehlt Kuei, sollte sich zum Regieren möglichst eines schwachen Prinzen bedienen, den er zu seiner Marionette macht; und sollte sich der legale Regent aus irgendeinem Grund als schwer manipulierbar erweisen – dann weg mit dem Dummkopf, und Supermann besetzt den Thron und erklärt sich zum König aller Länder.

Keine Moral. Bitte. Dieser Supermann ist frei, ein taoistischer Weiser, unerreichbar für grapschende menschliche Hände, und unerreichbar auch für grapschende heilige Hände, die menschliches Denken projizieren.

Kueis aufschlußreiche Abhandlung, so läßt uns van Gulik mit offensichtlichem Vergnügen schon im voraus wissen, enthält viele kluge Ratschläge.

Wollen wir uns in ein vollkommenes Wesen verwandeln, so kommt es, trägt Kuei vor, im wesentlichen darauf an, daß wir uns die Menschen in der Weise zunutze machen, wie sie sich selbst uns präsentieren. Es ist sinnlos, beschwört uns Kuei, sie erziehen oder besser machen zu wollen. Unentwickelte Leute sind viel zu eigensinnig, um ihr Potential auszuschöpfen, doch besitzen sie alle nützliche Charaktereigenschaften, besondere Fähigkeiten, die sie uns gern anbieten und mit deren Hilfe wir unsere eigenen Interessen fördern können.

Ist zum Beispiel der Staatsminister zufällig ein guter Kerl, der das Wohl seiner Untertanen im Auge hat? Ausgezeichnet. Dann bemüht euch nicht, ihn zu bestechen oder in irgendeiner Weise seinen reinen Geist zu korrumpieren. Laßt ihn bis an seine Grenzen uneigennützig und hart arbeiten, damit die Arbeit getan wird, und der Staat, der das Ego der Regierenden ist, wird auf diese Weise gut versorgt sein und sauber und gesund bleiben. Der General in der Hauptstadt hat ein großes Mundwerk? Befördert ihn zum Feldmarschall und laßt ihn alle Nachbarländer erobern. Wenn er umkommt, wird er posthum mit Orden bedeckt.

Der Abteilungsleiter ist ein weiser Mann? Er versteht die Beweggründe aller Dinge? Er geht den *Weg?* Laßt ihn im ganzen Land umhergehen und predigen und Vorträge halten, denn der Staat wird von seiner Weisheit profitieren. Preist den Mann, und er wird seinen König preisen.

Seht zu, daß alle Untertanen ihren Begabungen folgen und daß Supermann sich nicht in ihre kleinen Geschäfte einmischt. Während Katzen Mäuse fangen, Maulwürfe sich in dunklen Tunneln ernähren, Geier Aas fressen und Löwen brüllend Beute reißen, während jeder sinnvoll beschäftigt ist, genießt der wahre Herrscher in Muße und in luxuriöser, geschmackvoller Umgebung seine Macht.

Van Gulik entschuldigt sich den ganzen Artikel hindurch für die Faszination, die die zynischen Lehren Kueis auf ihn ausüben. Kuei-ku-tzû selbst ist kein gutes Beispiel für seine eigene Auffassung. Kein Herrscher nahm den positiven Philosophen in seine Dienste, und er mußte sich seinen Lebensunterhalt mit Betteln verdienen. Theorie und Praxis befinden sich im Leben eines einzelnen Menschen nicht immer im Einklang. Dennoch ist das kleine Büchlein in den seiner Veröffentlichung folgenden zweitausend Jahren aufmerksam studiert worden. Offiziell von chinesischen Regenten mißbilligt, wurden Kueis praktische Tips sowohl während der kaiserlichen als auch während der kommunistischen Herrschaft befolgt. Man solle sich nicht täuschen lassen, warnt van Gulik – die scharfsinnigen Gedanken sind keineswegs eine andere Form von reinem Opportunismus. Kueis Buch hat drei Teile, von denen die ersten beiden uns lehren, wie wir andere zu unseren Werkzeugen machen. Damit sie zu bestmöglichen Werkzeugen werden, sollen wir unsere gegenwärtigen und zukünftigen Diener, auf Kueis Rat hin, sorgfältig beobachten, um ihr Verhalten analysieren zu können. Sind sie glücklich? Man mache sie glücklicher, um zu sehen, was sie tun, wenn sie vor Freude trunken sind. Sind sie deprimiert? Man mache ihr Leben ein wenig schwerer. Was tun sie jetzt? Wir werden ihre Grenzen bestimmen und ihre verborgenen Gedanken lesen.

Aber dann, in Kueis dritter Lektion, wird uns gezeigt, wie wir uns *selbst* kennenlernen und manipulieren können. Ein richtiges Studium dieses exotischen literarischen Juwels, das van Gulik pries und mehrfach rühmend erwähnte, wird es dem Regenten unmöglich machen, sich schlecht zu benehmen. Sein konsequenter und reiner Egoismus wird letztlich *allen* von Nutzen sein.

Van Gulik faßte Kueis Schrift auch als ›religiöses‹ Werk auf – als Bestandteil der taoistischen Lehre des *wu-wei,* der Kunst des Nicht-Tuns, die uns lehrt, im Rhythmus mit der Kraft unseres männlichen Yang voranzuschreiten, während das dunkle und feuchte weibliche Yin es uns ermöglicht, uns zu verbergen und auszuruhen. Van Gulik erwähnt außerdem das identische Wesen aller Gegensätze, zeigt uns, wie sich das Yang in seiner extremen Form stürmisch in die ruhigste und fruchtbarste Form des Yin zu verwandeln vermag. »Yang sucht Yin und leiht sich von ihm seine Kraft. Yin strebt ewig nach einer Verbindung mit Yang und macht sich Yangs überreichlich vorhandene Energie zunutze.«

Van Gulik charakterisiert Kueis Worte als »soliden gesunden Menschenverstand, der durch die Jahrhunderte hindurch das chinesische Volk erhalten hat«. Auch wenn der Leser Kueis ›Zynismus‹ mit totaler Ablehnung begegnen sollte, mag er immer noch, so steht zu hoffen, die

Kühnheit dieses mutigen antiken Eremiten bewundern, der am Rand des Weges durchs Leben wanderte.

Der Artikel über den Philosophen aus dem Geistertal erschien nur ein einziges Mal und sollte die Leser eigentlich nur auf ein Buch neugierig machen, in dem van Gulik Kueis vollständigen Text (soweit verfügbar, denn das ursprüngliche Werk ist nur zum Teil erhalten) vorstellt, einschließlich ausführlicher Kommentare natürlich und einer vollständigen Wiedergabe des kritischen Urteils anerkannter chinesischer Gelehrter.

Leider ging das Manuskript 1939 in den Wirren des chinesisch-japanischen Krieges auf dem Weg zu einem Drucker in Schanghai verloren. Später, während seiner Flucht aus Japan, verlor van Gulik dann noch seine eigenen Notizen, so daß er das ganze Vorhaben aufgab. Übriggeblieben sind nur eine nicht besonders deutliche Illustration und die zwölf kleinbedruckten Seiten seines Artikels, die jedoch genügend verlockendes Material enthalten, um uns zur Fortsetzung einer Suche anzuregen, die auf Einsicht zielt und vergnügliche und beflügelnde Abenteuer verspricht.

12

Van Guliks Faszination hinsichtlich des Budenzauber-Aspekts des Taoismus äußert sich 1954 in einem langen Artikel mit der Überschrift *The Mango Trick in China*, untertitelt *An Essay on Taoist Magic* und abgedruckt in der Wissenschaftszeitschrift *Transactions of the Asiatic Society of Japan*. Die achtundfünfzigseitige Abhandlung analysiert erschöpfend ein chinesisches Phänomen, das seinen Ursprung wahrscheinlich in Indien hat. Der Trick hat mit magischem Wachstum zu tun und funktioniert ebensogut mit Mangos wie mit Pfingstrosen, Birnen und anderen organischen Dingen. Während der Zauberer Mantras murmelt und das Publikum staunend gafft, wachsen innerhalb weniger Minuten aus Kernen Früchte hervor. Unmöglich, dennoch eine demonstrierbare Wahrheit – denn der Kern ist vergraben und mit einem Tuch bedeckt. Man entferne das Tuch, und da ist der Sämling; dann der Busch oder Baum; dann die Frucht; schließlich ist die Frucht reif und kann gegessen werden, oder die Blüte kann abgeschnitten, mit nach Hause genommen und in eine Vase gestellt werden.

Wie beim Seiltrick (bei dem der Magier an einem Seil, das er in die Luft wirft, emporklettert), erliegt das Publikum infolge von Hypnose oder Suggestion einer Täuschung.

Taoismus ist eine Religion, und der Zweck jeder Religion besteht darin, ›re‹, *wieder*, ›ligare‹, *zu verbinden.* Womit? Mit dem Himmel, den Göttern, Gott, unserem tiefsten Wesen, unserer wahren Bestimmung, unserer verlorenen Glückseligkeit? Da stets der Himmel, die Götter oder Gott beteiligt sind, haben wir es mit Dingen weit jenseits bloßen Begriffsvermögens zu tun, so daß jeder wundersame Trick zulässig sein dürfte.

Seit frühester Zeit, und die chinesische Zivilisation reicht viertausend Jahre zurück, waren Formen taoistischer Alchimie in China bekannt. Priester suchten nach dem Lebenselixier, mixten Blei und Zinnober, bemühten sich vergeblich, Gold herzustellen und erwarben sich ein willkommenes und brauchbares Wissen, während sie das Publikum reinlegten, das sie ›mit verwirrten Augen und weit geöffneten Pupillen‹ anstarrte. Taoisten taten sich manchmal sogar mit ihren Rivalen, den Buddhisten, zusammen, getrieben sowohl von einer legitimen Neugier hinsichtlich der letzten Ursachen der Schöpfung im allgemeinen und ihrer Konkurrenten im besonderen als auch von dem Drang, der Menge das Geld aus der Tasche zu ziehen und sich ein schönes Leben zu machen. Van Guliks scheinbar trockene Studie (die Abhandlung ist keine in unterhaltender Absicht geschriebene Richter-Di-Erzählung) liefert uns so pikante Informationen wie zum Beispiel, daß das ›prächtige Nonnenkloster‹ Yung-ning-szu, 5. Jhdt., in Wirklichkeit eine von einem Sohn des Kaisers finanzierte Vergnügungsstätte war, wo kunstvoll inszenierte Festessen stattfanden, bei denen sinnliche Tänzerinnen aufwarteten. Als der Prinz starb, trat sein Bruder, ein

›perverser Mensch‹, die Nachfolge an, und der Tempel wurde noch fröhlicher und verwandelte sich in einen Zirkus. Es wurden erotische Akte vorgeführt mit eingestreuten Kunststücken und Tricks, wie zum Beispiel das minutenschnelle Wachsen von Melonen und Datteln aus Obstkernen.

Exotische Klöster standen in Blüte, und manche, besonders die der nördlichen Buddhistenschule, richteten Klassen ein, in denen die Priesterstudenten in der Kunst der Massensuggestion und im Erzeugen optischer Illusionen unterrichtet wurden.

Was macht van Gulik? Reagiert er mit zynischem Unglauben auf das erklärungsbedürftige Wunder?

Keineswegs. Er geht als Wissenschaftler, als intelligenter Beobachter an die Sache heran und versucht zu erklären, was wirklich vor sich geht. Im Westen defilieren seit Jahrtausenden die Heiligen an uns vorbei und dienen unserem tieferen unbewußten Denken als Brennpunkt. In einem früheren Kapitel wurden die sieben Weisen vom Bambushain erwähnt, und nun stellt uns van Gulik eine Gruppe von acht Unsterblichen vor, die einer nebelhaften, aber faszinierenden Vergangenheit entstammen. Ein konfuzianischer Gelehrter der Tang-Periode (Dis Zeit), ein gewisser Han Yü (768–824), ist ein Onkel eines der acht Unsterblichen. Dieser Neffe, Meister Han-hsiang, ist eine legendäre Gestalt und Tricksterfigur. Konfuzianismus, als ein System moralischer Regeln, und Taoismus, als hoher Mystizismus, liegen in ständigem Kampf miteinander. Man könnte vermuten, daß der praktische Chinese es mit der klar umrissenen Tugendhaftigkeit hält, aber van Guliks Untersuchung gelangt zu einem anderen Ergebnis.

Bevor wir uns mit der eigentlichen Geschichte befassen, sollen die acht Unsterblichen vorgestellt werden, die eine Gruppe interessanter Archetypen bilden. Nummer eins ist ein fetter Bursche, der seine Verachtung für Ordnung und Anstand zeigt, indem er keinen Hut trägt und in einem weiten Gewand umherschlurft, das seine stattliche Brust und seinen üppigen Bauch frei läßt. Dennoch ist er ein bedeutender Herr, und sein anmaßender Körperumfang will uns sagen, daß wir nicht versuchen sollen, ihn umzustoßen. Nummer zwei, ein weiterer freier Künstler, tritt als Schlagzeuger auf (mit Trommeln und Klappern) und reitet rückwärts auf einem Maultier. Nummer drei, der Schutzheilige der Wahrsager, demonstriert ebenfalls seine taoistische Verachtung, indem er keinen Hut trägt, während er eine unsterbliche Melodie auf seiner Flöte spielt oder an einem Pfirsich knabbert, dessen Saft mit dem Lebenselixier gleichbedeutend ist. Nummer vier ist eine komplexere Gestalt, denn sie tritt als ein verkrüppelter alter Bettler auf, hungrig und in Lumpen gehüllt, der nicht aus Unverschämtheit keinen Hut trägt, sondern weil er ihn sich nicht leisten kann. Dieser Unsterbliche stellt unseren Glauben auf die Probe, denn er ist niemand geringerer als der Heilige der Medizin, der all unsere Leiden heilen wird, wenn wir ihn mit Achtung behandeln. Nummer fünf, der Urmusiker, spielt im Augenblick nicht, sondern studiert eine Yin-und-Yang-Darstellung, während er sich, gut gekleidet und eindrucksvoll, auf einem umgestürzten Baum im Walde ausruht. Nummer sechs ist sehr interessant, denn diese würdevolle Gestalt stützt sich auf einen domestizierten Teufel. Hier haben wir zweifellos Jungs ›individuierten Menschen‹ vor uns oder den ›vollkommenen Menschen‹, der unsere Fragen aus orientalischen Orakelbüchern beantwortet, oder den ›schlauen Menschen‹, den der armenische Weise Gurdjieff propagiert. Das Unterbewußte ist zum Vorschein gekommen und bedroht nicht länger, sondern unterstützt. Wenn der Unsterbliche seinen Teufel getötet hätte, würde der Dämon ihm nicht helfen können. Dieser heilige Taoist ist kein geringerer als der Schirmherr aller Barbiere (die Chirurgen der Antike) und Teufelsaustreiber (frühere Inkarnationen der heutigen Psychiater, klinischen Psychologen, Psychotherapeuten usw.). Unser Held benötigt ein Schwert, um die mächtigeren Ungeheuer im Zaum zu halten, und eine Fliegenklatsche, um die kleineren Burschen zu zermalmen, wenn sie zu dreist werden. Nummer sieben ist eine junge Heilige, die durch ihre sonderbaren Gewohnheiten (ein Fuß ist beschuht, der andere nackt, und sie zieht eine Schnur mit Münzen durch den Staub) zeigt, daß sie alle ›gewöhnlichen Ebenen‹ weit hinter sich gelassen hat. Sie trägt ein Musikinstrument (meistens eine Flöte) und einen blumengefüllten Korb bei sich und inspiriert die Musiker sowie alle chinesischen Floristen. Dann ist da noch Nummer acht, eine weitere weibliche Schönheit, die eine große Lotosblüte und eine unvergängliche Frucht zur Schau stellt. Sie spielt ebenfalls Flöte und repräsentiert in etwa den harmonischen Haushalt. Endlose Geschichten werden über diese exaltierten Verkörperungen der tieferen Ebenen unseres Bewußtseins erzählt, und die acht Unsterblichen sind auf Bildern, in Form von Skulpturen, auf Haushaltsartikeln und als Karikaturen dargestellt. Musik ist ihnen gewidmet, und sie sind zentrale Figuren in Gedichten. Ihre Darstellungen unterscheiden sich erheblich, je nach Begabung und Einsicht der Künstler, doch alle machen sie Tricks, ›indem sie unsere Augen verwirren und unsere Pupillen täuschen‹. Sie sind auch häufig berauscht, aber nicht vom giftigen Alkohol, der den Geist zerstört, sondern von den reinen, befreienden Kräuterdrogen aus himmlischen Gärten. Einer der Unsterblichen, Nummer drei, ist Han-hsiang.

Um deutlich zu machen, wie das chinesische Spannungsverhältnis zwischen den praktischen und poetischen Teilen des menschlichen (chinesischen) Geistes beschaffen ist, erforscht van Gulik gewissenhaft die Legende über den unsterblichen pseudo-bösen Han-hsiangtzu und seinen pseudo-unsterblichen guten Onkel Yü. Wir werden mit verschiedenen Versionen vertraut gemacht, die mit Quellenangaben und gründlichen Anmerkungen versehen sind. Der Kern der Handlung ist folgender:

Onkel Yü verkörpert den Muster-Menschen, der die kaiserlichen Prüfungen bestanden hat und zu gegebener Zeit ein hoher Beamter geworden ist (wie Richter Di). Er zeichnet sich durch nichts Besonderes aus, außer daß er mit einer geradezu perfektionistischen Einstellung den vorgegebenen Wegen folgt. Yü ist ein solch vollkommenes Beispiel dafür, wie die (menschlichen) Dinge sein sollten, daß er eine Schule leitet, in der er künftige Beamte unterrichtet. Auf tritt Neffe Han, der in die Hauptstadt kommt. Er beleidigt jeden, lernt nicht und ist ständig betrunken. Bevor Onkel Yü seinen Verwandten hinauswirft, schilt er ihn: ›Kannst du nichts richtig machen?‹

Nun führt Neffe Han den Mango-Trick vor (er nimmt aber Pfingstrosen dafür). Sein Onkel ist sprachlos, vor allem, als sein Neffe ihn auffordert, die Inschrift auf jedem der Blütenblätter zu lesen. Die Zeilen, in eindrucksvoller Handschrift geschrieben, lauten: *Die Wolken verdunkeln den Bergpaß, wo kann ich eine Herberge finden? Der Schnee ist zu tief für mein Pferd, um weiterzugehen.*

Neffe Han reist ab.

Kurze Zeit danach verlangt der Kaiser, der dem Buddhismus verfallen ist (der Buddhismus rangierte, was erhabene Distanziertheit und surrealistische Wahrheit betrifft, genauso hoch wie der Taoismus), als Konzentrationsobjekt für seine Meditationen einen Knochen von Buddhas sterblichen Überresten. Onkel Yü, der orthodoxe Lehrer all dessen, was schicklich ist, befürchtet, daß der Kaiser den Verstand verloren hat. Er sagt dies höflich und wird in eine kleine, achttausend *li** entfernte Stadt verbannt. Während der Reise bleibt er auf einem eingeschneiten Bergpaß stecken und ergeht sich in lauten Klagen. Da tritt sein Neffe aus dem Nebel und begrüßt den gelehrten Onkel ehrerbietig. Han bringt Yü in einer komfortablen Herberge unter, und es entspinnt sich ein langer Dialog, der Hans überlegene Weisheit demonstriert. Onkel Yü gibt die Beschränktheit der reinen Moral auf und öffnet seinen Geist der höheren Wahrheit. Später wird er,

* Ein li entspricht einem halben Kilometer.

wie ihm sein Neffe prophezeit, wieder bei Hofe aufgenommen. Alles endet gut.

Van Gulik muß diese Erzählungen über eigensinnige Unsterbliche im Sinn gehabt haben, als er phantasierte, Eremit in einer Hütte mit Ausblick auf das ruhige Wasser des Biwa-Sees in Japan zu sein. Vielleicht war das von Han Yü zu Ehren seines taoistischen und erleuchteten Neffen geschriebene und von van Gulik in seiner Abhandlung zitierte Gedicht zum Teil seine eigene Klage – und auch sein Trost:

Obwohl ich ein hoher Beamter wurde,
Erwies sich mein mageres Gehalt als unzureichend für
meine Bedürfnisse.
Und seht ihr, in welchem Zustand ich mich nun befinde?

Der Regen tropft von meinem Dach auf die leere Straße.
Morgens bleibe ich im Bett, unfähig, mich zu erheben,
Voller Trauer denke ich an meine ferne Heimat.
Doch wer kommt da und klopft an meine Tür?
Auf meine Frage gibt sich der Gast als ein Mitglied
meiner Familie zu erkennen.
Er sagt, daß er außergewöhnliche Fähigkeiten besitzt.
Daß er das Rätselhafte ergründet und um die Wege des
Himmels weiß.
Er ermahnt mich, nicht über Vergangenes zu klagen.
Und prophezeit, daß ich mich bald wieder erheben
werde.

In der Königlich Niederländischen Botschaft, Tokio 1965

Der Gelehrte van Gulik will uns mit diesem Gedicht vielleicht einen Hinweis geben. Der Mango-Trick soll uns nur verblüffen, doch wenn wir erst einmal zu glauben beginnen, öffnen sich die Türen unseres Geistes, so daß wir in die wahren Mysterien eingeführt werden können – durch den hilfreichen Verwandten, die Projektion dieses chinesischen Unbewußten, das zu uns spricht:

Im Laufe einer Runde Wein
Bringe ich Blumen zum Erblühen.
Wer mir bei meinen Studien folgen kann,
Der wird mit mir die Unvergängliche Blüte betrachten.

13

Robert Hans van Gulik starb im September 1967. Im Mai desselben Jahres hatte er sein letztes Buch beendet, *The Gibbon in China*.

Gibbons (das Wort ›Gibbon‹ wurde von Marco Polo geprägt, der zum ersten Mal diese exotischen Kreaturen beschrieb und sie *gibbone*, ›Bucklige‹, nannte) waren van Guliks beste Freunde. Er hielt sich seit seiner Jugend Affen, und jeder, der ihn kannte, erwähnt diese ungewöhnliche Gesellschaft. In Den Haag, in seiner imposanten offiziellen Residenz in der Ten Hovestraat, sprangen Kapuzineraffen umher, kletterten auf seine Bücherregale, schwangen sich von seinen Kunstschätzen, spielten sogar mit seiner Kalligraphie. Er konnte dort keine Gibbons halten, da diese überlegenen Wesen das feuchte und zugige holländische Klima nicht vertragen und viel Platz brauchen. Doch in seinen orientalischen Behausungen, die große Zimmer und offene Türen und Zugang zu einem weitläufigen Garten mit hohen Bäumen hatten, gediehen sie gut. Von allen Gibbons war die malaysische Affendame Bubu van Guliks liebste Gefährtin, und er widmete ihr sogar ein Buch, dessen Held ein Gibbon ist.

Traditionsgemäß beauftragt die holländische Regierung einen Schriftsteller, das ›Buch des Jahres‹ zu schreiben, das dann in der ersten Aprilwoche jedem geschenkt wird, der in einem Buchladen etwas kauft. Van Gulik schrieb die Ausgabe von 1962, eine Geschichte mit dem Titel *Four Fingers**, vielleicht die beste Erzählung, die er je geschrieben hat, und stellte ihr folgende Widmung voran: *»Zur Erinnerung an meinen guten Freund, den Gibbon Bubu, der am 12. Juli 1962 in Port Dickson, Malakka, starb.«*

Ein Menschenaffe, der sich mit Homo sapiens literarische Ehren teilt? Das ist verständlich, denn van Gulik fühlte sich durch die Angehörigen seiner eigenen Spezies zunehmend irritiert. Er soll bei verschiedenen Gelegenheiten geäußert haben: »Ich erlaube meinen Affen, zu gehen, wohin sie wollen. Tiere sind anständige Kerle, sie nutzen eine Situation niemals aus.«

Four Fingers ist eine Kriminalgeschichte, in der ein Gibbon einen wichtigen Hinweis liefert, doch van Guliks letztes Buch ist eine wissenschaftliche Abhandlung. Im Bewußtsein, daß seine Erkrankung ernster Natur und dabei war, ihn umzubringen, hatte er es eilig und ließ das Buch nicht drucken, sondern von seinem Manuskript photokopieren. Dank dieser großartigen Lösung können wir uns davon überzeugen, wie tadellos er sowohl mit der Schreibmaschine als auch mit dem Pinsel arbeitete. Vor allem der chinesische Text ist eine Lust für das Auge, und die Miniaturzeichnungen, die die Kapitel und Abschnitte einleiten und unterteilen, sind es nicht minder.

Ein Gibbon ist ein Primat, Bindeglied zwischen dem Tierreich und der menschlichen Sphäre. Gibbons können

* 1965 wurde die Erzählung unter dem Titel *The Morning of the Monkey* in *The Monkey and the Tiger* veröffentlicht. (Dt.: *Der Morgen des Affen*, in *Der Affe und der Tiger*).

貢。余因檢故事。凡打捕例。皆南鄉人。遂召
南鄉村老諸人告之。衆唯而去。旬日餘。村
老一人來告云。承捕猿之命。已號召得三
百餘夫。合圍得一小黑猿於獨嶺上。二日
夜矣。乞批帖督隣村益夫二百。盡伐嶺木。
則猿可獲。余遂如其請。三數日。舁一猿至。
予驗其形似。皆如簡冊所云。但無通臂之
說。恐別有種。復詢諸土人云。惟臂長者為
猿。其類雖非一。皆短臂蒼毛者。烏得謂之
猿。何嘗更有臂長逾於此者。余深然之。著
書之人。何謬誤如此。又有人云。猿初生。皆
黑而雄。至老毛色轉黑為黃。潰去其勢。與
囊。即轉為雌。遂與黑者交而孕。余未深信。
後遇總鎮府一人云。府中嘗畜一黑猿。數
年忽轉黑為黃。其勢與囊漸皆潰去。遂與
黑者交。以為異事。後知雄化為雌。乃固然
者。方釋其疑。此又諸簡冊所不載。猿善攀
援跳躍。迅捷如飛。又必衆夥圍守。伐木以
斷去路。乃能致之。毋惑乎五百人以旬日
之勞僅得其一也。又剸象鄧指揮家。昔有
山子。人獲一猿來獻。面黑身白。惟頂上有
黑毛如指闊一縷。直至脊盡處。有人云。猿
初生時黑。至百餘歲漸成黃。而為雌。又數
百歲。方變為白。其有黑毛自頂貫脊。又異。
然則唐人之詩有云。黃猿領白兒。亦謬矣。
初生之兒。豈有白者。余州所獲猿。因今上
罷貢珍異。故不用。余遂攜歸畜之三數年。
甚馴擾。忽疾作而斃。瘞小橫山側。與鶴冢
相並。
⑯又天保縣令送一黑猿來繫於楹。有門
子嬲之。相距尚七八尺。忽其右臂引而長。
遂捉門子之衣。幾為所裂。而猿之左肩則
已無臂。乃知左臂已併入右臂矣。即所謂
通臂猿也。此猿竟不為人所狎。終日默坐。
與之食不顧。數日遂餓死。

丁未春荷蘭高羅佩鈔
於東京使署之尊明閣

Seite aus van Guliks chinesischem Text von *The Gibbon in China* ebenso wie die anderen Primaten – Schimpansen, Orang-Utans und Gorillas – aufrecht gehen, haben keinen Schwanz und sind sehr intelligent. Im Gegensatz zu uns sind sie ziemlich freundlich und greifen nur an, wenn sie in die Enge getrieben oder außergewöhnlich erschreckt werden. Nur Schimpansen können bei uns wohnen. Orang-Utans und Gorillas sind zu stark, ihre freundschaftlichen Umarmungen würden uns wahrscheinlich umbringen.

Der Gibbon ist der einzige Primat, der in China heimisch ist, eine Tatsache, die erst durch van Guliks Studien und Schriften allgemein zur Kenntnis genommen wurde. Die Chinesen selbst waren sich sehr wohl der Anwesenheit des grazilen Tieres in ihrem weiten Land bewußt und erwähnen es in ihrer Literatur. Sein ganzes Buch hindurch zitiert van Gulik chinesische Biologen und Dichter.

Viele Aussagen beziehen sich auf ihren Gesang. Gibbons singen gewöhnlich früh am Morgen, wenn es hell wird, und am Abend, wenn das Licht erlischt. Van Gulik war von der Musikalität ihres Singens beeindruckt und erlernte selbst ihre Gesänge. Auch das poetische Wesen der Gibbons beeindruckte ihn tief, weshalb er sich in seinem Buch Gedanken über den Unterschied zwischen dem hohen Wahrnehmungsniveau der Gibbons und dem prosaischeren Charakter anderer Affen macht. Der Makak, eine weitere chinesische Affenart, singt nicht, weil er viel zu sehr damit beschäftigt ist, sich um sich selbst zu kümmern. Die Chinesen äußerten sich über die Ruhelosigkeit des Makaken und sahen in ihm das Symbol menschlicher Oberflächlichkeit, plötzlicher unerklärlicher Stimmungsänderungen und sogar des menschlichen

Richter Di wird von einem Gibbon beobachtet

Zwangs zu stehlen. Der Makak hat etwas Törichtes, etwas zutiefst Menschliches an sich, und chinesische Schriftsteller machten und machen dankbaren Gebrauch von dieser Ähnlichkeit. Der Makak spielt auch in dem klassischen chinesischen Roman von Wu Ch'êng-ên (1505–1580), der im Westen unter dem Titel *Monkey* oder auch *The Journey to the West* (dt.: *Die Reise nach Westen*) erhältlich ist, eine Rolle und symbolisiert menschliche Intelligenz. Der Teil unseres Geistes, der phantasiert und verzaubert, kann ganz leicht, nämlich durch Tagträume, in den Himmel gelangen. Das kann der liebe Monkey auch, aber er ist in seinen Anstrengungen nicht beständig genug und wird aus dem Paradies verstoßen, weil er Pflaumen gestohlen und Mädchen geschändet hat. Doch er hat etwas gelernt und behält den Weg in Erinnerung, so daß er, der erste Schüler des Weisen, als Führer dienen kann. Der Makak ist egoistisch und gerät deshalb, wie Monkey im Buch, ständig in Schwierigkeiten. Wäre er ein Gibbon gewesen, hätte er es viel leichter gehabt und dem armen Weisen, seinem Meister, viel Kummer und Leid erspart.

»Der Gibbon«, schreibt van Gulik, »war das traditionelle, urchinesische Symbol für den Dichter und den Philosophen und für die geheimnisvolle Verbindung zwischen Mensch und Natur. Der Gibbon lehrt den Menschen, wie er sich der Wissenschaft und Magie bedienen kann; und sein Morgen- und Abendgesang vertieft die Inspiration von Dichtern und Malern, im Dunst des anbrechenden Tages und bei Nacht, wenn der Mond scheint.«

Es gibt Wölfe und Werwölfe, aber alle Gibbons sind

Van Gulik mit Freund

Wergibbons. Der Werwolf flößt Furcht ein, Wergibbons inspirieren. Gibbons sind Tiere, die selten den Boden berühren und gewöhnlich an ihren überproportional langen Armen baumeln oder sich still von Ast zu Ast schwingen. Ein Gibbonmännchen der chinesischen Siamang-Gattung ist nur fünfzig Zentimeter groß, aber wenn es die Arme ausbreitet, mißt es von Fingerspitzen zu Fingerspitzen einen Meter dreißig. Wenn die Umstände Gibbons zwingen, ihre luftigen Höhen zu verlassen, halten sie die Arme über den Kopf, damit sie nicht auf dem Boden schleifen. Es sind so stolze Tiere, teilt uns van Gulik mit, daß sie immer auf seinen höchsten Schränken saßen, ganz anders als der pfiffige Makak, der lieber unter die Schränke huschte, um sich dort zu verstecken. Die Handflächen und die Fußsohlen eines Gibbons weisen dieselben Linienmuster auf wie die der Menschen. Ein Gibbon lebt wie ein (gesitteter) Mensch mit nur einer Frau und wenigen Kindern zusammen, und intime Freunde mag er auch nicht allzu viele. Beim Fressen bedient der stärkste Gibbon sich selbst zuletzt, und alle Gibbons bevorzugen gutgereifte Früchte, die sie wählerisch aussuchen und fein säuberlich schälen.

Von einer wissenschaftlichen Abhandlung erwartet man nicht, daß sie einen emotional berührt, doch während meiner Lektüre gab es Momente, in denen ich einen älteren hohen Beamten vor mir sah, der, ruhig und zurückgezogen lebend, seine Einsamkeit harmonisch mit einem nichtmenschlichen Hausgenossen teilt. Auf einer Photographie in einer der Mappen sah ich van Gulik mit Tschinie, einem fünf Jahre alten Gibbonmännchen der *hylobates agilis*-Gattung. Tschinie hat den Unterkiefer vorgeschoben, die Lippen geschlossen und runzelt eifrig die Stirn. Er mummelt vor sich hin, als Einleitung, zum Aufwärmen für den Abendgesang. Van Gulik tut dasselbe. Der Gesang der Gibbons ist ein ernstes Ritual, das nur unter bestimmten Bedingungen und an einem geheiligten Ort stattfinden kann, gewöhnlich in der Spitze eines Baumes, den der Gibbon auf verschiedenste Weise ausprobiert hat. Wenn der Ausblick und alles übrige stimmt, wird sich der Gibbon niederlassen, seine langen Arme ausbreiten, sich festhalten und eine erste Strophe beginnen, deren Töne er leise wiederholt, bis sie schön rund klingen. Nachdem er sich richtig aufgewärmt hat, folgt der eigentliche Gesang, von tiefen zu hohen Tönen fortschreitend und allmählich lauter werdend: *Wu-u-u-uuuuu*. Dabei schüttelt er die Zweige und wölbt die Brust vor. Dann nimmt er den Gesang langsam wieder zurück und schließt allmählich seinen Mund, bis er mit einem musikalischen Seufzen endet. Die letzte Strophe ist wieder ein Mummeln. Das wiederholt er Dutzende von Malen, und wenn er unsanft gestört wird, etwa durch eine Autohupe oder wenn ein anderes Tier loslegt, bricht er ab und schweigt ärgerlich mehrere Minuten, bevor er einen neuen Versuch unternimmt.

Zwischen den Morgen- und Abendgesängen sind die Gibbons nicht völlig still, sondern reden und summen ein wenig. Sie haben eine eigene Sprache, die van Gulik natürlich bald fließend beherrschte. »Wok-wok?« heißt »Was ist jetzt?« oder »Ist das wirklich für mich?« »Ie-ie-ieh« bedeutet »Oh, hallo! Wie schön, dich zu sehen. Wo bist du die ganze Zeit gewesen?« Dieser Gruß wird nur verwendet, wenn der Gibbon einen anderen Gibbon trifft, den er innig liebt, oder wenn er einem Menschen begegnet, dem er zu vertrauen gelernt hat.

Gibbons haben ein feines Gespür für Rangunterschiede. Zu einem Butler sind sie höflicher als zu einem Gärtner, und Offiziere ziehen sie Soldaten vor, wie van Gulik feststellte, als sein Haus in Brand geriet und ein Dutzend von einem Leutnant kommandierte Soldaten kamen, um das Feuer zu löschen. Nur den leitenden Offizier wiesen die Gibbons auf Gefahrenstellen hin. Gibbons verhalten sich gern so, wie es sich gehört: Wenn sie wissen wollen, was es mit einem Gegenstand auf sich hat, betrachten sie ihn vorsichtig von allen Seiten und machen ihn nicht kaputt, wie ein Makak das tun würde. Gibbons benutzen die Toilette und denken manchmal sogar daran abzuziehen.

Durch die Jahrhunderte hindurch haben sie Feinsinnige und Künstler inspiriert.

Morgen für Morgen betrachte ich die dahineilenden
    Wolken
Abend für Abend lausche ich dem Gesang der Gibbons.

(Dichter Shen Yüeh, 441–513)

Die Wu-Berge reihen sich Hunderte von Meilen
    aneinander
Der Pa-Fluß windet sich durch endlose Biegungen
Das Lied der Flöte schwillt an, nimmt ab
Der Gesang der Gibbons bricht ab und beginnt aufs neue.

(Kaiser Chien-wen, 503–551)

Wenn ich die Gibbons in den Pinien höre,
Krampft sich mein Inneres zusammen.
Ich lausche und zähle meine Tränen, Paar für Paar.

(Kronprinz Hsiao Tung, 501–531)

Es rührte sicher van Guliks Seele an, wenn er das Treiben seiner kultivierten und entwickelten Freunde in seinen Häusern und Gärten beobachtete, aber er schrieb kein Gedicht über sie. Er dichte nicht mehr, äußerte er 1964 einer holländischen Zeitung gegenüber:

»Als Student veröffentlichte ich Gedichte in *Elseviers Monatszeitschrift*. Ich bekam zehn Gulden pro Seite, ein hübsches Sümmchen zu jener Zeit. Doch dann erkannte ich, daß das nicht mein Medium war. Ich sah, was chinesische Dichter auf dem Gebiet leisteten, und verlor vollständig den Mut. Ihre Arbeit ist so rein und anspruchsvoll, daß ich wußte, ich würde es nie wagen, mit ihnen zu konkurrieren.«

Aber Geschichten zu erzählen traute er sich noch, etwa die folgende aus *The Gibbon in China*, die ich stark gekürzt wiedergebe:

Achtes Jahrhundert: Literaturkandidat Sun K'o durchstreift das Land, nachdem er seine Doktorprüfung nicht bestanden hat. Am See von Wei-wang entdeckt er ein großes Landhaus und erfährt von einem Passanten, daß Fräulein Yüan dort wohnt. K'o klopft an die Eingangstür, aber niemand öffnet. Durch eine unverschlossene Seitentür gelangt er auf das Anwesen und erblickt ein junges Mädchen im Hof. Sie erinnert ihn an eine ›in Mondlicht getauchte Perle‹, an ›einen im Morgennebel schimmernden Weidenbaum‹, sie besitzt den ›zarten Reiz einer Orchidee und die vollkommene Form einer Jadeskulptur‹.

Das Mädchen singt:

Manche finde ich reizvoll wie funkelnden Wein.
Andere so geschmacklos wie trockenes Gras.
Allein die blauen Berge und die weißen Wolken
kennen die Gefühle, die ich in meiner Seele bewahre.

Eine Romanze entwickelt sich: Der gescheiterte Student und das anmutige junge Mädchen umarmen sich. Sie heiraten sogar, und der Student ist nun ein reicher Mann, denn seine Frau besitzt viele Ländereien. Ihr Yang harmoniert mit seinem Yin, und das Paar bekommt zwei Söhne. Ihr Glück dauert viele Jahre, bis K'o eine Reise unternehmen muß und einen früheren Freund, einen Doktor der Literatur, trifft, der die Geheimnisse taoistischer Tricks studiert hat. K'o erzählt ihm, wie er seiner jetzigen Frau begegnet ist und welch ein glückliches Leben er führt.

Der Freund ist beunruhigt. Er erklärt K'o die taoistische Magie, denn er hat an K'os Verhalten erkannt, daß dieser verhext ist. Schon allein die Tatsache, daß K'o keinen Verdacht schöpft, beweist, daß seine Frau eine Hexe ist. Solche Schönheit, solcher Liebreiz, ein so ausgeglichener Charakter, eine derartig vollkommene Beherrschung des *Wu-wei*, der Kunst, die Dinge geschehen zu lassen, ohne selbst aktiv zu werden ... welcher gewöhnliche Mensch könnte eine solche Heilige sein? K'os Frau ist ein böser Geist oder ein Werwolf oder ein Werfuchs. K'o muß sie umbringen.

»Wie kann ich sie umbringen«, fragt K'o, »wenn sie so mächtig ist?«

Der Freund weiß Rat. Er leiht K'o sein Zauberschwert, das ein heiliger Eremit geschmiedet hat.

K'o nimmt die Waffe mit nach Hause, wagt aber nicht, sie zu gebrauchen. Er liebt seine Frau und verbirgt das Mordwerkzeug, doch sie findet das Schwert und zeigt es ihm. »Bin ich nicht gut zu dir gewesen? Warum willst du mich töten?«

K'o verneigt sich tief, und sie vergibt ihm. Sie zerbricht das Schwert so leicht, als wäre es ein Zweig. Sie leben weiter zusammen, und K'o nimmt, ermutigt durch seine Frau, sein Studium wieder auf, besteht die Prüfung und wird in einer fernen Stadt zum Richter ernannt. Er begibt sich mit seiner Frau und seinen Söhnen auf die Reise und übernachtet in einem Tempel. Gibbons singen an jenem Abend in den Bäumen, und seine Frau geht hinaus, um ihnen zuzusehen. K'o folgt ihr, aber die Gibbons verschwinden, sobald sie ihn erblicken. Sie nimmt einen Pinsel und schreibt ihr Abschiedsgedicht:

> Durch Liebe verwirrt, weigerte ich mich eigensinnig,
> meine ursprüngliche Form wieder anzunehmen.
> Zum Scherz hatte ich mich in einen Menschen
> verwandelt
> und war beinahe verloren.
> Es ist besser, wenn ich nun meinen Gefährten
> in die Berge folge
> Und zwischen Nebel und Wolken meine Stimme
> erklingen lasse.

Sie läßt den Pinsel fallen und küßt ihre Kinder. Sie verneigt sich vor ihrem Gemahl. Sie reißt sich die Kleider vom Leib und verwandelt sich in einen schlanken Gibbon.

K'o sieht ihr nach, bis sie in den Baumspitzen verschwindet.

Yüan ist das chinesische Wort für Gibbon; so mag der chinesische Leser bereits am Anfang geahnt haben, wie die Geschichte ausgeht.

Phantasterei, werden Sie sagen, ein hübsch erfundenes Märchen, und Sie haben natürlich recht, aber sind wir nicht alle schon Frauen von solch eigenartigem Liebreiz begegnet, daß wir uns verwundert die Augen gerieben haben? Van Gulik hat vielleicht seinen Gibbon Bubu angesehen, als er über die Geschichte der geheimnisvollen Dame Yüan nachdachte. Ein Menschenaffe. Und ein Affenmensch.

Tschinie, van Guliks Gibbonmännchen, konnte sich in der holländischen Botschaft in Kuala Lumpur, Malaysia, frei bewegen – ein glücklicher kleiner Bursche, bis er sich erkältete. Tschinie bekam viel Ruhe und Liebe verschrieben, aber der Arzt stellte keine Besserung fest. Er diagnostizierte eine Lungenentzündung. Der Patient erhielt Antibiotika, bekam Fruchtsaft gefüttert und wurde dennoch immer schwächer. Tschinie schlief nur noch, und die Familie gab die Hoffnung auf.

Die van Guliks tranken gerade Tee im Garten, als sie plötzlich Tschinie mit kleinen schleppenden Schritten auf den höchsten Baum im Botschaftsgarten zugehen sahen. Sie beobachteten still, wie der Gibbon den Baum erreichte, den Stamm umarmte und mühsam seinen kleinen schmerzenden Körper hochzog. Schließlich, in über zwanzig Meter Höhe, leicht im Wind schaukelnd, fand Tschinie eine bequeme Stelle und wartete, ruhig in die Ferne blickend.

»Ein würdiger Tod«, sagt van Gulik in seinem Buch, »auf den ein Mensch neidisch sein könnte.«

14

Van Guliks Todesanzeige stand in der Zeitung, und ich dachte, daß es mir niemand übelnehmen würde, wenn ich zum Begräbnis ginge.

Es war ein Abschied wie so viele andere, mit feierlichen Herren in dunklen Anzügen und schweigenden Damen mit fremdartigen Hüten. Die Stille wurde von Geräusper, Flüstern und einem gelegentlichen Seufzen unterbrochen. Die Gesichter der Trauergemeinde zeigten das vertraute vaterländische Rosa und andere, exotischere Farben. Die Königin hatte als Vertreter einen Militärbeamten geschickt, dessen Uniform schwer einzuordnen war. Ein General vielleicht? Seine Kopfbedeckung war mit reicher Goldstickerei verziert, und er trug ein Kavallerieschwert, und auf seinem Gesicht stand ein diensteifriges, aber sanftes Lächeln. Der letzte Säbeltiger, dachte ich. Ich war froh, daß der General gekommen war, denn ich erinnerte mich, daß einer von van Guliks Vorfahren ebenfalls der Armee angehört hatte. Er war ein hoher britischer Offizier namens Gollicke gewesen, der über den Kanal geschickt worden war, um gegen einen gemeinsamen Feind, die spanischen Unterdrücker, die Westeuropa an sich rissen, Truppen zu kommandieren.

Ich muß die Augen geschlossen haben – feierliche Reden lösten einander ab, und ihr monotoner Rhythmus schläferte mich ein, ohne jedoch meine Wahrnehmung zu beeinträchtigen. Ich hatte eine höchst realistische Vision, in der ich all die nackten Frauen sah, die van Gulik für seine chinesischen Mordgeschichten gezeichnet hatte. Sie hielten sich an den Händen und verbargen ihre Füße (denn nackte Damenfüße durften im alten China nicht gezeigt werden, weil sie verkrüppelt und kein schöner Anblick waren). Dennoch liebliche Frauen, die vergeblich den mächtigen Richter zu verführen suchten und bei seinen kräftigen Assistenten mehr Glück hatten. Ich sah einige intime Szenen, in denen der stille Tschiao Tai und der ungestüme Ma Jung auftauchten. Verlegen wandte ich den Blick ab und konzentrierte mich auf die hochgewachsene Gestalt von Richter Di, der allein auf der Bühne stand – in der Tat ein schöner, stattlicher Mann mit seinem Vollbart, der unter den Seitenklappen des seidenen Amtshutes verschwand. Die breiten Schultern fielen leicht ab unter dem Brokatgewand, das bei jedem seiner langsamen und tiefen Atemzüge raschelte. Die beiden Leutnants, die ihr erotisches Zwischenspiel beendet hatten, traten nun vor und stellten sich zu beiden Seiten ihres Vorgesetzten auf, prächtig anzusehen in ihrer Uniform eines Oberst der kaiserlichen Garde und in den mit feuerspeienden goldenen Drachen verzierten Panzerhemden, die ihre breite muskulöse Brust schützten. Tao Gan kam aus dem Schatten hervor und lächelte schwach. Ein ehemaliger genialer Hochstapler, jetzt mächtiger Sekretär des obersten Gerichts und hochbezahlter Beamter, aber immer noch in ein einfaches Flickengewand gekleidet, einen vom Alter glänzenden Hut auf dem Kopf. Und der bescheidene Mann neben ihm? Ach, natürlich, der alte Wachtmeister Hung, Dis privater Ratgeber, gesetzt, anspruchslos und weise, bekleidet mit einem einfachen schwarzen Gewand und einer kleinen viereckigen Kappe.

Ich sehe auch Dr. van Gulik in seinem dreiteiligen Anzug, mit Ascheresten auf Weste und Hose. Seine dunklen Augen glitzern geheimnisvoll hinter den kleinen runden Gläsern seiner Brille, die er nicht mehr braucht, aber noch nicht abgenommen hat. Höflich lauschend wartet er darauf, endgültig von seinen Amtspflichten hier unten befreit zu werden. Ich höre sein kleines, trockenes Husten nicht, er atmet so leicht wie Di. Die beiden verneigen sich kurz voreinander. Sah ich sie zwinkern?

Und da sind ja auch Bubu und Tschinie, die sich, hoch über der Bühne, an ihren unmöglich langen und schlanken Armen hängend, von Balken zu Balken schwingen, vor sich hinmummeln und sich auf ihr Begrüßungslied vorbereiten. Aber sie müssen noch ein wenig warten, denn ein Professor der berühmten Universität Leiden hat das Wort. Er spricht gut, glaube ich, ich kann seine Worte nicht ganz verstehen, denn ich höre aus weiter Ferne zu und habe Mühe, meine Augenlider zu heben.

Nun kommt Meneer Hendriks den Gang entlang, in Begleitung von Hauptmann Uyeda. Hendriks ist groß und dünn, etwas gebeugt von der höllischen Folter. Er hält seinen triefenden Filzhut in der Hand, und sein fadenscheiniger Regenmantel ist völlig durchnäßt. Als er an mir vorbeigeht, bemerke ich den Duft von Wacholdergin. Uyeda riecht nach Sake. Mit den krummen Beinen, der Armeeuniform, den dicken Brillengläsern auf der kurzen, flachen Nase, den vorstehenden Zähnen und dem langen Samuraischwert an der Seite seines schmächtigen Körpers könnte er einer Propagandaschmähschrift des Zweiten Weltkriegs entsprungen sein, aber er löst kein Haßgefühl aus. Ich glaube, daß die Schlinge, die ihn erdrosselte, ein Durchbruch war und daß der ewige Schnee des Fudschijama auch für Uyeda schmelzen wird, während er, wie wir alle, mit den zehntausend Dingen kämpft, die so geheimnisvoll aus der allumfassenden Leere aufsteigen. Die arabischen Terroristen aus *The Given Day* lächeln mir ebenfalls zu, rezitieren die Dichtung des Koran und machen Platz für Meister Kalebasse und Kranichtracht, die gemeinsam die Unwissenheit ihres Publikums transzendieren. Die Sprecher sind nun verstummt, ein unsichtbarer Chor singt ein Requiem. Alle Illusionen verblassen. Van Gulik nickt uns zu, dreht sich um, geht langsam davon; eine Tür öffnet sich, schließt sich – wohin ist er verschwunden?

Zen-Vagabund Lu erscheint, verneigt sich, taucht seinen riesigen Pinsel in einen Farbeimer und wirft seine untadelige Kalligraphie an die Wand:

> Wir alle kehren dahin zurück, wo wir herkamen:
> Wo die Flamme der gelöschten Kerze erstarb.

Die großen Schriftzeichen glänzen triumphierend an der Wand. Die Trauergemeinde erhebt sich und drückt den Hinterbliebenen ihre Anteilnahme aus.

»Nicht *das* Ende«, sagt ein buddhistischer Priester, »nur *ein* Ende. Ein kleines. Es gibt so viele.«

Anhang

Bibliographie

Richter-Di-Romane

The Chinese Maze Murders. Den Haag: W. van Hoeve 1956. Niederländisch von R. v. Gulik unter dem Titel *Labyrinth in Lan-Fang*, Den Haag, W. van Hoeve 1956. Deutsch: *Mord im Labyrinth* (detebe 21381).

The Chinese Bell Murders. London: Michael Joseph 1958. Niederländisch von R. v. Gulik unter dem Titel *Klokken van Kao-Yang*, Den Haag, W. van Hoeve 1958. Deutsch: *Wunder in Pu-yang?* (detebe 21382).

The Chinese Gold Murders. London: Michael Joseph 1959. Niederländisch von R. v. Gulik unter dem Titel *Fantoom in Foe-Lai*, Den Haag, W. van Hoeve 1958. Deutsch: *Geisterspuk in Peng-lai* (detebe 21622).

The Chinese Lake Murders. London: Michael Joseph 1960. Niederländisch von R. v. Gulik unter dem Titel *Meer van Mien-Yuan*, Den Haag, W. van Hoeve 1959. Deutsch: *Der See von Han-yuan* (detebe 21919)

The Chinese Nail Murders. London: Michael Joseph 1961. Niederländisch von R. v. Gulik unter dem Titel *Nagels in Ning-Tsjo*, Den Haag, W. van Hoeve 1960. Deutsch: *Nagelprobe in Pei-tscho* (detebe 21920)

The Haunted Monastery. Kuala Lumpur: Art Printing Works 1961. Niederländisch von R. v. Gulik unter dem Titel *Het Spookklooster*, Den Haag, W. van Hoeve 1962. Deutsch: *Nächtlicher Spuk im Mönchskloster* (detebe 21866)

The Red Pavilion. Kuala Lumpur: Art Printing Works 1961. Niederländisch von R. v. Gulik unter dem Titel *Het Rode Paviljoen*, Den Haag, W. van Hoeve 1961. Deutsch: *Tod im roten Pavillon* (detebe 21383).

The Lacquer Screen. Kuala Lumpur: Art Printing Works 1962. Niederländisch von R. v. Gulik unter dem Titel *Het Rote Lakscherm*, Den Haag, W. van Hoeve 1962. Deutsch: *Der Wandschirm aus rotem Lack* (detebe 21867).

The Emperor's Pearl. London: Heinemann 1963. Niederländisch von R. v. Gulik unter dem Titel *De Parel van de Keizer*, Den Haag, W. van Hoeve 1963. Deutsch: *Die Perle des Kaisers* (detebe 21766).

The Given Day. San Antonio, Texas: Dennis McMillan 1964. Deutsch: *Der geschenkte Tag* (detebe 21990).

The Morning of the Monkey. In: *The Monkey and the Tiger*. London: Heinemann 1965. Niederl. von R. v. Gulik unter dem Titel *Vier Vingers*, Amsterdam, The Netherlands Society of the Promotion of the Book, 1964. Dt.: *Der Morgen des Affen*. In: *Der Affe und der Tiger* (detebe 21624).

The Night of the Tiger. In: *The Monkey and the Tiger*. London: Heinemann 1965. Niederländisch von R. v. Gulik unter dem Titel *De Nacht van de Tijger*, Den Haag, W. van Hoeve (Kramers Taschenbuchreihe Nr. 48), 1963. Deutsch: *Die Nacht des Tigers*. In: *Der Affe und der Tiger* (detebe 21624).

The Willow Pattern. London: Heinemann 1965. Niederländisch von R. v. Gulik unter dem Titel *Het Wilgenpatroon*, Amsterdam, Tageszeitung ›De Telegraaf‹ (in Fortsetzungen), 1964. Deutsch: *Mord nach Muster* (detebe 21767).

Murder in Canton. London: Heinemann 1965. Niederländisch von R. v. Gulik unter dem Titel *Moord in Kanton*, Den Haag, W. van Hoeve 1964. Deutsch: *Mord in Kanton* (detebe 21623).

The Phantom of the Temple. London: Heinemann 1966. Deutsch: *Das Phantom im Tempel* (detebe 21768).

Necklace and Calabash. London: Heinemann 1967. Deutsch: *Halskette und Kalebasse* (detebe 21519).

Judge Dee at Work. London: Heinemann 1967. Deutsch: *Richter Di bei der Arbeit*. Kurzgeschichten (detebe 21921).

Poets and Murder. London: Heinemann 1968. Deutsch: *Poeten und Mörder* (detebe 21666).

Andere Bücher und Veröffentlichungen

An English-Blackfoot Vocabulary Based on Material from the Southern

Peigans. Hrsg. von C. C. Uhlenbeck und R. H. van Gulik. Verhandelingen der Koninklijke Akademie van Wetenschappen, Abteilung Literatur, N. R. , Band XXIX, Nr. 4; Amsterdam 1930; 263 S.

Urvaci, ein alt-indisches Theaterstück von Kalidasa. Übersetzt aus dem Sanskrit und mit einer Einleitung versehen. Den Haag, Adi Poestaka, 1932; 84 S., mit Vignetten von van Gulik.

An English-Blackfoot Vocabulary Based on Material from the Southern Peigans. Hrsg. von C. C. Uhlenbeck und R. H. van Gulik. Verhandelingen der Koninklijke Akademie van Wetenschappen, Abteilung Literatur, N. R., Band XXXIII, Nr. 2; Amsterdam 1934; XII + 380 S.

Hayagriva, the Mantrayanic Aspect of Horse-Cult in China and Japan; mit einer Einleitung über den Pferdekult in Indien und Tibet (Doktorarbeit); Leiden, Brill, 1935; X + 105 S., illustriert.

Mi Fu on Inkstones. Übersetzt aus dem Chinesischen, mit einer Einleitung und Anmerkungen versehen. Peking, Henry Vetch, 1938; XII + 72 S., Illustrationen und Karte.

The Lore of the Chinese Lute. Ein Essay über die *Ch'in*-Ideologie. Monumenta Nipponica Monographs, Band 3, Tokio, Sophia Universität 1940; XVI + 239 S., illustriert.

Hsi K'ang and his Poetical Essay on the Lute. Monumenta Nipponica Monographs, Band 4, Tokio, Sophia Universität 1941; XVI + 91 S., illustriert.

Shukai-hen. Eine Beschreibung des Lebens in der chinesischen Fabrik in Nagasaki während der Ch'ien-lung-Periode. Aus dem Chinesischen ins Japanische übersetzt, mit einer japanischen Einleitung und Anmerkungen versehen. In: *Toa ronso*, Bunkyu-do, Tokio 1941.

明末義僧東皐禪師集刊 *Tung-kao-ch'an-shih-chi-k'an*. (Das gesammelte Werk des Zen-Meisters Tung-kao, ein Mönch, der dem Kaiser während des Endes der Ming-Dynastie treu blieb.) Tschungking, für den Autor gedruckt von Commercial Press, 1944, 149 S.

Dee Goong An. Drei Mordfälle gelöst von Richter Di. Ein alter chinesischer Detektivroman aus dem Chinesischen übersetzt und mit einer Einleitung und Anmerkungen versehen. Tokio, für den Autor gedruckt von Troppan Printing Co., 1949; IV + IV + 237 S. Neuausgabe Dover

Publication, N. Y. 1976. Deutsch: *Merkwürdige Kriminalfälle des Richters Di* (Fischer TB 2475).

春夢瑣言 *Ch'un Meng So Yen*. Geschichte eines Frühlingstraums. Eine erotische Erzählung der Ming-Zeit. Veröffentlicht auf der Grundlage eines japanischen Manuskripts und mit einer Einleitung versehen. Tokio, Privatdruck, 1950; 6 (englische) + 19 (chinesische) S.

秘戲圖說 *Pi-hsi t'u-shuo*. Erotische Farbdrucke der Ming-Periode, mit einem Essay über das Geschlechtsleben der Chinesen von der Han- bis zur Ming-Dynastie, 206 v. Chr. – 1644 n. Chr. Tokio, privat veröffentlicht in fünfzig Exemplaren, 1951; 3 Bände: I (Englisch), XVI + 242 S., 22 Illustrationen; II (Chinesisch) 秘書十種, 2 + 210 S.; III (Chinesisch) 花營錦陣, 4 + 24 S., 24 Tafeln.

Ti-jen-chieh-ch'i-an. Ein historischer Roman (chinesische Version von *The Chinese Maze Murders*), Singapur, privat gedruckt für den Autor von Nan Yang Press, 1953.

De boekillustraties in het Ming tijdperk (Buchillustrationen während der Ming-Dynastie). Den Haag, Nederlands Vereniging voor druk- en boekkunst, 1955; 10 S., 11 S., Illustrationen.

Siddam. Ein Essay über die Geschichte der Sanskrit-Studien in China und Japan. *Sarasvati-Vihara*-Serie Band 36, Nagpur, International Academy of Indian Culture; 1956; 234 S.

棠陰比事 *T'ang-yin-pi-shih. Parallel Cases from under the Pear-Tree*, ein Handbuch für Rechtsprechung und Verbrechensaufklärung aus dem 13. Jhdt. Sinica Leidensia Band X. Leiden, Brill, 1956; XI + 198 S.

Chinese Pictorial Art as Viewed by the Connoisseur. Anmerkungen über die Methoden traditioneller chinesischer Kunstkenner, ausgehend von einer Studie über das Aufziehen von Rollbildern in China und Japan. Serie orientale 19, Rom, Istituto Italiano per il Medio ed Estremo Oriente, 1958; 537 S.

Een gegeven dag. Ein Amsterdamer Rätsel. Kramer Taschenbuchreihe, Bd. 49. Den Haag, Van Hoeve, 1963.

The Given Day. Englische Übersetzung von R. van Gulik. Kuala Lumpur, Art Printing Works, 1964, illustriert.

The Given Day. Miami Beach, Dennis McMillan Publications, 1984, Taschenbuchausgabe 1986.

陸時化 *Lu Shih-hua*. Sammelalbum für chinesische Sammler, eine chinesische Abhandlung über Rollbilder und Fälscher. 書畫說鈴 *Shu-hua shuo-ling*. Übersetzt und mit einer Einleitung und Anmerkungen versehen; Beirut, Imprimerie catholique, 1958; 84 S. + 16 S. chinesischer Text.

Sexual Life in Ancient China. Überblick über die chinesische Gesellschaft und ihr Geschlechtsleben von ca. 1500 v. Chr. bis 1644 n. Chr. Leiden, Brill, 1961; XVII + 392 S., illustriert.

The Gibbon in China. Ein Essay über chinesische Tierkunde. Leiden, Brill, 1967; 120 S., Illustrationen, Photographien, Karten.

Zeitschriften-Artikel

Beiträge für die Schülerzeitung *Rostra*, darunter Gedichte (manche in Französisch) und der Aufsatz ›Van het schoone eiland‹ (Von der schönen Insel), eine Reminiszenz an die Kindheit des Autors auf Java.

»Eenige opmerkingen omtrent de Shih Ching, het klassieke boek der oden« (Einige Bemerkungen zum *Shih-ching*, dem klassischen Buch der Oden), in *China* III, 1928, S. 133–147.

»Ku Shih Yuan – De bron der oude verzen« (*Ku-shih yüan*, die Quelle alter Verse), in *China* III, 1928, S. 243–269.

»De bloeitijd der lyriek« (Die Blütezeit der Lyrik), in *China* IV, 1929, S. 153–166, 253–275; *China* V, 1930, S. 115–119.

»De mathematische conceptie bij de oude Chineezen« (Die Vorstellung der alten Chinesen von Mathematik), in *Euclides, Nederlandsch Tijdschrift voor Wiskunde*, 1929.

»Chineesche wonderverhalen« (Chinesische Geschichten über das Übernatürliche), in *Tijdschrift voor Parapsychologie* I, 1929, S. 158 u. S. 280; II, 1930, S. 111.

»De verwerkelijking van het onwerkelijke in het Chineesche schrift« (Die Verwirklichung des Unwirklichen in der chinesischen Schrift), in *Elsevier's Geillustreerd Maandschrift* LXXVII, 1929, S. 238–252, 318–333.

»Tsj'e Pie Foe, Het gedicht van de rode muur« *(Ch'ih-pi fu*, das Gedicht von der roten Wand); in *China* v, 1930, S. 203–206.

»Oosterse schimmen« (Orientalische Schatten), in *Elsevier's Geillustreerd Maandschrift* LXXXI, 1931, S. 94–110, 153–163; LXXXII, 1932, S. 230–247, 306–318, 382–389.

»De wijsgeer Jang Tsjoe« (Der Philosoph Yang Chu), in *China* VI, 1931, S. 165–177; VII, 1932, S. 93–102.

»Een nieuwe Franse vertaling van Chineesche gedichten« (Eine neue französische Übersetzung chinesischer Gedichte, eine kritische Würdigung von G. Soulié de Morant, *Anthologie de l'amour chinois*; Paris 1932); in *China* VII, 1932, S. 127–131.

Aufsätze über chinesische Geschichte, Sprache und Literatur; in *Winkler Prins Encyclopedie*, 5. Auflage, Amsterdam 1932–1938.

»De wijze der vijf wilgen« (Der Weise der fünf Weidenbäume – eine Erörterung des Poeten T'ao Yüan-ming), in *China*, 1933, S. 4–27.

»In memoriam Henri Borel« in *China* VIII, 1933, S. 167.

»Oude en nieuwe Chineesche oorlogszangen« (alte und moderne chinesische Kriegslieder), in *Chung Hwa Hui Tsa Chih, Orgaan van de Chineesche Vereeniging Chung Hwa Hui*, XI, 1933, S. 9–11.

»Henri Borel, 23. Nov. 1869 bis 31. Aug. 1933«, *idem* XI, S. 68.

»Het Chineesche schaakspel« (Das chinesische Schachspiel), *idem* XI, S. 99–105.

»Weerstand bieden; uit een artikel, geteekend Chün Ti, in de *Shen-pao* van 21. Sept. 1933« (Widerstand leisten; aus einem Artikel in der *Shen-pao* vom 21. Sept. 1933, unterzeichnet Ch'ün Ti), in *idem* XI, S. 145–146.

»De krijgsman die zijn eigen zoon offert. Een oud-Indisch verhaal, uit het Sanskrit vertaald en ingeleid« (Der Krieger, der seinen Sohn opfert. Eine alt-indische Erzählung, übersetzt aus dem Sanskrit und mit einer Einleitung versehen), in *idem* XII, 1934, S. 26–31.

»Chinese Inkstones« in *idem* XII, S. 79–83.

»De wijsgeerige achtergrond van de schilderkunst der Soeng-periode« (Der philosophische Hintergrund der Malkunst in der Sung-Periode), in *idem* XII, S. 125–134.

»Chinese Literary Music and its Introduction into Japan« in *18th Annals of the Nagaṣaki Higher Commercial School, part* I *(1937–1938), published in commemoration of Prof. Chōzō Mutō,* Nagasaki 1937, S. 123–160.

»Necrologie. Simon Hartwich Schaank« in *T'oung Pao* XXXIII, 1937, S. 299–300.

»Kuei-ku-tzû, the Philosopher of the the Ghost Vale« in *China* XII–XIII, 1938, S. 261–272. (Van Guliks mit Anmerkungen versehene Übersetzung dieses Textes ging im Krieg verloren; er kam nie wieder darauf zurück).

»On Three Antique Lutes« in *Transactions of the Asiatic Society of Japan*, 2. Folge, Band XVII, Tokio 1938, S. 155–189; illustriert.

Kritische Besprechung von H. Proesent & W. Haenisch, *Bibliographie von Japan*, Band V, Leipzig 1937; in *Transactions of the Asiatic Society of Japan*, 2. Folge, Band XVII, Tokio, 1938.

琴銘の研究, in *Sho-en* 書苑 (eine der Kalligraphie und Paläographie gewidmete japanische Monatszeitschrift), Bd. 2, Nr. 6, 1938, S. 10–16.

»Kakkaron 隔鞾論, a Japanese Echo of the Opium War« in *Monumenta Serica* IV, 1940, S. 478–545, mit zwei Bildtafeln.

Rezension von Karl Haushofer, *Geopolitik des Pazifischen Ozeans* in *Monumenta Serica*, 1940, S. 485–486.

Rezension der Pekinger Ausgabe (1939) von J. O. P. Bland und E. Blackhouse, *China under the Empress Dowager*, in *Monumenta Serica* V, 1940, S. 486–492.

»On the Seal Representing the God of Literature on the Titlepages of Chinese and Japanese Popular Editions« in *Monumenta Nipponica* IV, 1941, S. 33–52.

»Dr. John C. Fergusons's 75th Anniversary« in *Monumenta Serica* VI, 1941, S. 340–356, einschließlich einer Bibliographie von Fergusons Werken.

»The Lore of the Chinese Lute – Addenda and Corrigenda« in *Monumenta Nipponica* VII, 1951, S. 300–310, illustriert.

»Brief Note on the *Cheng*, the Small Chinese Cither« in *Toyo ongaku kenkyu* 東洋音樂研究 9, 1951, S. 10–25, illustriert.

»The Mango Trick in China; an Essay on Taoist Magic« in *Transactions of the Asiatic Society of Japan* III, 3. Folge, 1954, S. 117–175.

»*Yin-ting* 銀釘 and *yin-ting* 銀錠« in *Oriens Extremus* II, 1955, S. 204–205.

»A Note on Ink Cakes« in *Monumenta Nipponica* XI, S. 84–100.

»China« in *De Boekenkorf*, Literaturmagazin der Kaufhauskette *De Bijenkorf*, Juniausgabe, Nr. 20, Amsterdam 1961.

Wahrscheinlich existieren noch viele andere Veröffentlichungen. Die Zahl seiner wissenschaftlichen Abhandlungen, Romane, Artikel, Essays, literarischen oder sinologischen Leckerbissen wage ich nicht zu schätzen. Ein wirklich beschäftigter Mensch findet immer Zeit, und van Gulik besuchte gern Druckerwerkstätten, am liebsten die kleinen, die auch Bücher banden, in irgendeiner Hintergasse der Stadt, in der er gerade lebte oder sich zu Besuch aufhielt. Da er immer die Sprache des Ortes beherrschte, an dem er sich befand, gelang es ihm gewöhnlich, eine fruchtbare, auf Gegenseitigkeit beruhende Beziehung zu den Werkstattinhabern herzustellen. Auch daß er selbst Bücher drucken und binden konnte, alles über den Satz sowie Papiersorten, Leime und dergleichen wußte, war ihm dabei von Nutzen. Die Zusammenarbeit mit diesen neuen Freunden in Beirut, Tschungking, Den Haag, Tokio und sogar Washington ließ eine ganze Anzahl kleiner Schriften und Büchlein entstehen. Van Gulik hatte meistens ein Thema im Sinn und war in der Lage, in wenigen Tagen einen Text zu produzieren, so daß der Drucker unverzüglich eine limitierte Auflage davon herstellen konnte. Mit dem Auftrag war jedoch eine Bedingung verknüpft, nämlich daß der Botschafter bei der Arbeit helfen durfte. Und dann krempelte van Gulik die Ärmel hoch, kaute auf einer Zigarre herum, erzählte Witze auf Chinesisch, Arabisch, Malayisch, Japanisch, notfalls auch auf Niederländisch, borgte sich eine Schürze und prüfte den verfügbaren Tuschevorrat. Oftmals stellten die Drucker fest, daß sie von ihrem Gehilfen lernen konnten, wie zum Beispiel der Mann aus Tschungking, der bis zu van Guliks erstem Besuch nie etwas anderes als Kinokarten gedruckt hatte. Die meisten dieser Bücher und Schriften, von denen jeweils vielleicht zweihundert Stück bis 1996 alt

Ehepaare 2 Häuser Vermögensteuer

ab 1997 neu

Übergangszeit bis zu 5 Jahre

Anneliese Zeising

Zürich-Haus am Opernplatz
6000 Frankfurt 17
Telefon (069) 71 15 23 00

An ______________________________

Mit freundlichen Grüßen

aufgelegt wurden, gingen in jenen unruhigen Zeiten der Kriege, Revolutionen, Versetzungen und Repatriierungen verloren. Mehrere Male mußte van Gulik alles zurücklassen. Zweimal verlor er eine ganze Kunstsammlung und seine private Bibliothek. Die Verbreitung seiner Produkte erfolgte ohne eine besondere kommerzielle Strategie. Er verschenkte die Bücher zu Weihnachten und Neujahr an Freunde, Verwandte und Kollegen in der ganzen Welt. Manchmal ließ er sie in den lokalen Geschäften auf Kommission verkaufen und einmal (während der amerikanischen Besetzung Japans) sogar von US-Soldaten. Das Geschäft war in geldlicher Hinsicht nie profitabel.

Eines dieser wunderschön gedruckten Büchlein fiel mir in Amsterdam, an einem Straßenstand, in die Hände. Es hat zweiunddreißig Seiten und trägt den Titel *New Year's Eve in Lan-fang*. Es ist in Beirut gedruckt, auf hochwertigem Papier, mit perfekter Bindung und einer hübschen Type und könnte in Schwarzarbeit von einem Mönch der ›Imprimerie catholique‹ hergestellt worden sein. Die Illustrationen hat van Gulik selbst gezeichnet – sie bestehen aus zwei stilisierten chinesischen Schriftzeichen (jedes eine ununterbrochene Linie); das linke bedeutet *Fu* (glücklich sein) und das rechte heißt *Shou* (langes Leben). Zusammen ergeben die beiden symbolischen Formen den traditionellen chinesischen Neujahrswunsch.

»Was für ein Mann«, sagte John Blofeld über van Gulik, und nannte ihn ein leuchtendes Beispiel dafür, wie man seine Zeit auf der Erde sinnvoll verbringen kann. Den höchsten Nutzen aus seinem Leben ziehen – eine schwere Aufgabe für die meisten von uns, aber van Gulik bestand alle Prüfungen *cum laude*. Weihrauch glimmt vor seinem Porträt.

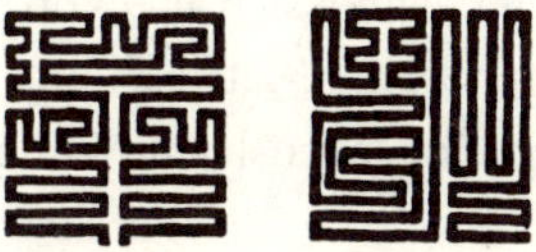

Lebensdaten

1910 9. August: Robert Hans von Gulik in Zutphen, Niederlande, geboren. Sein Vater, Willem Jacobus van Gulik, ist Arzt in der Königlich-Niederländischen Ostindienarmee.

1915 Erste Überseereise, zusammen mit seiner Mutter und seiner jüngeren Schwester. Der 1. Weltkrieg ist im Gange, aber die Niederlande sind neutral. Das Schiff fährt nach Java, wohin der Vater vorausgereist ist, um seine zweite turnusmäßige Dienstzeit abzuleisten.

1916–1922 Besuch der Grundschule in Surabaja und Batavia (heute Djakarta), Java. Er wird in Niederländisch unterrichtet, eignet sich aber von den Bediensteten und auf der Straße Malaiisch und Javanisch an. Er entwickelt eine lebenslange Vorliebe für alles Chinesische.

1923–1929 Zurück in den Niederlanden (in Nimwegen) besucht er ein exklusives Gymnasium, wo er neben Mathematik, Naturwissenschaften und modernen Sprachen Latein und Griechisch lernt. Seine Sehnsucht nach der schönen Insel Java regt ihn zu literarischen Arbeiten an, die in der monatlich erscheinenden Schülerzeitschrift *Rostra* veröffentlicht werden. Manche dieser Beiträge sind in Niederländisch, manche in Französisch verfaßt. Er nimmt Privatunterricht bei einem chinesischen Studenten, um seine schriftlichen und mündlichen Sprachkenntnisse in Kantonesisch und Mandarin zu vervollkommnen. Er begegnet Professor C. C. Uhlenbeck, der ihn Russisch und Sanskrit lehrt, und hilft seinem Lehrer, ein Wörterbuch der Sprache der nordamerikanischen Schwarzfuß-Indianer zusammenzustellen.

Noch als Gymnasiast, 1928, schreibt er Beiträge für die Wissenschaftszeitschrift *China*, die von der Dutch Chinese Cultural Association herausgegeben wird. Seine gut ausgearbeiteten und gelehrten Aufsätze über alte chinesische Dichtung werden enthusiastisch aufgenommen.

1929– An der berühmten Universität Leiden studiert er
1934 orientalisches Kolonialrecht, ›Indologie‹ (eine Disziplin, die sich mit der Kultur des damaligen Niederländisch-Indiens befaßt) und, natürlich, chinesische Sprache und Literatur.

1932 übersetzt er ein Theaterstück aus dem Sanskrit und erreicht dessen Veröffentlichung.

Chinesische Kollegen geben ihm den Namen *Kao Lo-pei (Kao* = Gu, *Lo-pei* = Robert), den er von da an für seine chinesischen Publikationen verwendet.

Pflegt für den Rest seines Lebens das tägliche Ritual, chinesisches Kalligraphieren mit dem Pinsel zu üben.

Seine Vordiplomarbeit (1933) erscheint in Englisch unter dem Titel *The Development of the Juridical Position of the Chinese in the Netherlands Indies.* Er wechselt zur Universität Utrecht, um zusätzlich Tibetisch und Sanskrit zu studieren, und legt 1934 seinen langen Essay *Mi Fu on Inkstones* als Diplomarbeit vor.

Erlangung der Doktorwürde (1935) *cum laude* mit seiner Dissertation *Hayagriva, the Mantrayanic Aspect of the Horsecult in China and Japan*, einer Arbeit über den Mantra-Aspekt des Pferdekultes in China und Japan.

1935– 1942 Erster Diplomatenposten an der holländischen Botschaft in Tokio. Mitbegründer der *Monumenta Nipponica* (1938) an der Sophia-Universität, deren Verwaltungsratsmitglied er fast dreißig Jahre lang sein wird.

Veröffentlichung zweier Studien über eine frühe Auffassung von einer exotischen Art des Musizierens. Aufbau einer Bibliothek von Büchern und Manuskripten über chinesische Musik, die ebenso wie seine erste Kunstsammlung verlorengeht, als der Zweite Weltkrieg ausbricht und er zusammen mit Diplomaten der Alliierten evakuiert wird.

1943 Vorübergehende Ernennungen in Ostafrika, Ägypten und Neu-Delhi, Indien.

1943–1946 Erster Sekretär an der niederländischen Gesandtschaft in Tschungking, der Hauptstadt des freien Chinas. Spielt die siebensaitige chinesische Laute und gewinnt viele hochgestellte und kunstsinnige Freunde.

Lernt Shui Shifang, eine Absolventin der Ch'i-lu-Universität, Tochter eines kaiserlichen Mandarins und Typistin an der Botschaft, kennen und heiratet sie am 18. Dezember 1943. Es finden zwei Zeremonien statt, eine protestantische und eine moderne chinesische. Geburt Willems, des ersten Sohns, im Jahr darauf. Es folgen drei weitere Kinder, eine Tochter und zwei Söhne.

Van Gulik beginnt sich für den Buchdruck und das Aufziehen von Rollbildern zu interessieren.

1946–1947 Versetzung nach Den Haag, wo er in der politischen Abteilung des Außenministeriums arbeitet. Verbringt soviel Zeit wie nur möglich an der Universität Leiden.

Er wird als Berater der niederländischen Botschaft in Washington in die USA geschickt. Ernennung zum Mitglied der Fernostkommission, die sich mit Angelegenheiten der Besetzung Japans befaßt.

Fortsetzung seiner Fernoststudien an US-amerikanischen Universitäten.

1948– 1951 Ernennung zum Berater an der niederländischen Militärmission in Tokio. Spricht sich gegen die japanische Sprachreform aus, die die Anzahl der gängigen Schriftzeichen auf 1850 beschränken wird. Niemand hört auf ihn, und er beginnt mit der Richter-Di-Saga. Das erste Buch ist seine Übersetzung eines authentischen chinesischen Kriminalromans aus dem 18. Jhdt., das er privat drucken läßt. Das *Dee Goong An* (drei Mordfälle, gelöst von Richter Di), ist ein Erfolg. Er studiert den Malstil der Ming-Zeit, um seine Bücher selbst authentisch illustrieren zu können. Um das wachsende Interesse zu befriedigen, schreibt er *The Chinese Maze Murders*, seinen ersten Richter-Di-Roman. Das Buch verkauft sich gut, sowohl in Englisch und Niederländisch als auch in den ebenfalls von ihm geschriebenen chinesischen und japanischen Versionen. Die Serie wird schließlich siebzehn Bücher umfassen.

Da sich nackte Frauen auf Buchumschlägen verkaufsfördernd auswirkten, bat ihn sein Verleger um erotische Zeichnungen. Van Guliks Suche nach der genuinen nackten chinesischen Frau kulminiert in zwei wissenschaftlichen Abhandlungen: *Erotic Color Prints of the Ming Period* und *Sexual Life in Ancient China*.

1951– 1953 Berater an der niederländischen Botschaft in Neu-Delhi. Fortsetzung der Sanskrit-Studien und Niederschrift des wichtigen Essays *Siddam* (über die

Sanskrit-Forschung in Japan und China), der 1956 veröffentlicht wird. Das Siddam-Alphabet des Sanskrit ist in der künstlerischen Kalligraphie des japanischen esoterischen Buddhismus sehr verbreitet.

1953–1956 Direktor der Abteilung ›Mittlerer Osten und afrikanische Angelegenheiten‹ im Außenministerium in Den Haag. Findet Zeit, weitere Plots für Richter-Di-Romane zu entwerfen. Entdeckt ein Exemplar eines Handbuchs für chinesische Richter aus dem 13. Jhdt., *Parallel Cases from under the Pear-Tree*, das er übersetzt und, mit seinen Anmerkungen und Kommentaren versehen, veröffentlicht.

1956–1959 Bevollmächtigter Gesandter der Niederlande für den Mittleren Osten mit Standort in Beirut, Libanon. Die politische Situation ist sehr unsicher und die Berufung daher gefährlich, aber van Gulik findet Gefallen an seinen Studien der arabischen Sprache und Religion an der lokalen Universität. Als sein Haus bombardiert wird, reist seine Familie in die Niederlande zurück, während van Gulik seine Arbeit und seine Studien im Keller fortsetzt. Er schreibt *The Chinese Nail Murders* in der vergeblichen Absicht, die Richter-Di-Serie zu beenden. Er findet sogar noch Zeit, ein monumentales Werk über das chinesische Kunstverständnis zu schreiben: *Chinese Pictorial Art as Viewed by the Connoisseur.*

1959–1962 Mit 49 Jahren als Botschafter nach Kuala Lumpur, Malaysia, versetzt. Außerdem wird er Professor, denn er unterrichtet offiziell an der Universität von Malakka. Er entdeckt die flinken und überlegenen Gibbons, langgliedrige Baumaffen, die in vielen Teilen des Fernen Ostens anzutreffen sind. Verschiedene dieser grazilen und intelligenten Wesen werden seine Haus- und Gartentiere, und sie regen ihn an, alles nur verfügbare Material über diese besondere Rasse entwickelter Geschöpfe zu sammeln.

1963–1964 Eine weitere Amtsperiode in Den Haag als Direktor der Forschungs- und Dokumentationsabteilung des Außenministeriums. Schreibt seinen einzigen ›holländischen‹ Roman über einen einsamen Mann in einem nassen Regenmantel, der ständige und schmerzhafte Niederlagen erleidet; aber alles nimmt ein glückliches Ende, als Meneer Hendriks sein Zen-Koan löst.

1965–1967 Krönung seiner diplomatischen Laufbahn durch die Ernennung zum Botschafter für Japan und Korea. In der Hoffnung, seine Forschungen fortsetzen zu können, läßt er seine gesamte Bibliothek nach Tokio verschiffen. Als auch die Kunstsammlung eintrifft, ist seine Amtsresidenz bis unters Dach gefüllt. Trotzdem findet er noch Platz für seine zierlichen und freundlichen Gibbons. Die Abhandlung *The Gibbon in China* beendet er mit einiger Hast, denn sein Gesundheitszustand verschlechtert sich rasch. Der Verdacht auf Lungenkrebs wird in einem Den Haager Krankenhaus bestätigt, wo er am 24. September 1967 stirbt und zu einem seiner letzten Besucher sagt, er freue sich auf das, was ihn erwarte, ganz gleich, was es sei.

Bildnachweis

Frontispiz (Sammlung des National Palace Museums, Taiwan, Volksrepublik China) und S. 93: Aus *Nagelprobe in Pei-tscho*, detebe 21920; S. 33,155: Aus *Der Affe und der Tiger*, detebe 21624; S. 37: Aus *Nächtlicher Spuk im Mönchskloster*, detebe 21866; S. 47, 51, 123, 125, 149, 157: Sammlung des Autors; S. 57, 69: Aus *Halskette und Kalebasse*, detebe 21519; S. 61: Aus *Mord im Labyrinth*, detebe 21381; S. 63, 119: Aus *Poeten und Mörder*, detebe 21666; S. 67: Aus *Der Wandschirm aus rotem Lack*, detebe 21867; S. 73: Aus *Das Phantom im Tempel*, detebe 21768; S. 75: Aus *Mord in Kanton*, detebe 21623; S. 77: Aus *Wunder in Pu-yang*, detebe 21382; S. 85: Joe Servello.

Robert van Gulik im Diogenes Verlag

Kriminalfälle des Richters Di,
alten chinesischen Originalquellen entnommen
Mit Illustrationen des Autors im
chinesischen Holzschnittstil

Mord im Labyrinth
Roman. Aus dem Englischen von Roland Schacht. detebe 21381

Tod im Roten Pavillon
Roman. Deutsch von Gretel und Kurt Kuhn
detebe 21383

Wunder in Pu-yang?
Roman. Deutsch von Roland Schacht
detebe 21382

Halskette und Kalebasse
Roman. Deutsch von Klaus Schomburg
detebe 21519

Geisterspuk in Peng-lai
Roman. Deutsch von Irma Silzer. detebe 21622

Mord in Kanton
Roman. Deutsch von Klaus Schomburg
detebe 21623

Der Affe und der Tiger
Roman. Deutsch von Klaus Schomburg
detebe 21624

Poeten und Mörder
Roman. Deutsch von Ulrike Wasel und Klaus Timmermann. detebe 21666

Die Perle des Kaisers
Roman. Deutsch von Hans Stumpfeldt
detebe 21766

Mord nach Muster
Roman. Deutsch von Otto P. Wilck
detebe 21767

Das Phantom im Tempel
Roman. Deutsch von Klaus Schomburg
detebe 21768

Nächtlicher Spuk im Mönchskloster
Roman. Deutsch von Gretel und Karl Kuhn
detebe 21866

Der Wandschirm aus rotem Lack
Roman. Deutsch von Gretel und Karl Kuhn
detebe 21867

Der See von Han-yuan
Roman. Deutsch von Klaus Schomburg
detebe 21919

Nagelprobe in Pei-tscho
Roman. Deutsch von Klaus Schomburg
detebe 21920

Richter Di bei der Arbeit
Roman. Deutsch von Klaus Schomburg
detebe 21921

»Umberto Eco stieg ins Mittelalter mit seinem Klosterkrimi *Der Name der Rose*, Richter Di lebt in der Tang-Epoche Chinas (618–906), und dieser Magistratsbeamte im alten Reich der Mitte ist ein wahrer Sherlock Holmes!
Hast du, Leser, erst einmal am Köder des ersten Falles geschnuppert, dann hängst du auch schon rettungslos an den Haken, denn nach dem ersten Fall kommt ein zweiter und danach noch ein

dritter, und du schluckst und schluckst (mit den lesenden Augen), bis du alle Fälle verschlungen hast. Daraufhin eilst du fliegenden Fußes in die Buchhandlung, dir den nächsten Richter-Di-Roman zu besorgen, mit den nächsten Fällen. Warst du so gierig, gleich alle drei bisher erschienenen Bände hintereinander weg zu schmökern, dann wird es dir leid tun, daß noch nicht mehr deutsche Ausgaben vorliegen, weil du, auf dem Wege, ein Chinaexperte zu werden, aufgehalten wirst.*
Der niederländische Diplomat und Chinakenner Robert Hans van Gulik hatte 1949 einige Fälle des Richters Di übersetzt. Danach begann er, zum Teil gestützt auf andere klassische Kriminalberichte aus der chinesischen Literatur, eigene Geschichten um diesen legendären Beamten zu schreiben. Historie, Kultur und Lebensart der Zeit sind authentisch, Gulik beschreibt genau, aber immer fesselnd erzählend, das Leben in der chinesischen Provinzstadt Pu-yang, in der fern der Metropole von Barbaren und örtlichen Tyrannen bedrohten Grenzstadt Lan-fang und sogar in einer Art chinesischem Las Vegas, mit Glücksspielhöllen und ordentlich kontrolliertem Gunstgewerbe (da gab es vier Klassen), auf der ›Paradiesinsel‹. Der Richter ermittelt in allen Fällen selber mit seinen verwegenen Gehilfen Hung, Ma, Tschiao und Tao, er urteilt ab und muß auch schlimmstenfalls bei den allerärgsten Hinrichtungen dabei sein, das verlangt das Gesetz.
Übrigens hat Gulik die Geschichten in die Ming-Ära verlegt (1368–1644), aber das macht gar nichts – die Literatenprüfungen, die in China die Beamtenlaufbahn eröffneten, waren von Beginn des 7. Jahrhunderts an bis 1905 immer genau gleich, klassische literarische Bildung mußte beherrscht werden. Das alles und noch viel mehr kriegt man hintenherum mit, wenn man bei Richter Dis Kriminalfällen zum Chinaexperten wird... Bestes Lesefutter!« *Til Radevagen / zitty, Berlin*

* dem ist nicht mehr so!